Prométhée le révolté

Collection dirigée par Marie-Thérèse Davidson

Loi n° 49956 du 16 juillet 1949 sur les publications destinées à la jeunesse,
modifiée par la loi n° 2011-525 du 17 mai 2011
ISBN 978-2-09-251310-1

HISTOIRES NOIRES
DE LA MYTHOLOGIE

PROMÉTHÉE LE RÉVOLTÉ

Janine TEISSON

Illustrations : Élène USDIN

Dossier : Marie-Thérèse DAVIDSON

Nathan

*Les * dans le texte renvoient au lexique en fin d'ouvrage.*

CHAPITRE 1
ZEUS CONTRE LES TITANS

La terre est dévastée. Elle retentit du fracas des batailles. Sur le mont Olympe* sont installés les nouveaux dieux. Aux côtés de Zeus, ils livrent une guerre sans merci aux divinités anciennes, les Titans*. Ceux-ci sont établis sur le mont Othrys et soutiennent Cronos, le père de Zeus.

Les uns et les autres se défendent et attaquent avec la même fureur, en espérant obtenir la victoire qui fera d'eux les maîtres du monde.

Prométhée et Épiméthée prennent un peu de repos à l'écart du combat. Dans le vacarme, Épiméthée hausse la voix pour se faire entendre de son frère :

– Comment avons-nous pu en arriver là ?

– Tu le sais bien, c'est toujours la même histoire : les pères ont peur que les fils les détrônent et les fils attaquent leur père pour prendre le pouvoir. Ouranos, le Ciel étoilé, a maintenu ses enfants au fond de la terre. Cronos, son fils, l'a mutilé, à la demande de Gaïa*, sa mère, et a délivré ses cinq frères, les Titans, et ses six sœurs, les Titanides.

Épiméthée réfléchit un moment :

– Cela aurait pu s'arrêter là. Comment Cronos a-t-il pu avaler ses propres enfants ?

– Lui aussi craignait d'être à son tour éliminé par son fils. Mais Rhéa, sa femme, a caché son dernier-né en Crète.

– Oui, et c'était Zeus !

Prométhée hoche la tête en disant :

– Cronos est quand même une sacrée brute pour avoir avalé le caillou enveloppé de langes que sa femme lui a présenté comme son fils !

– Les nymphes de Crète ont bien soigné l'enfant Zeus.

– Oh oui, la chèvre Amalthée l'a tellement bien nourri de son lait que le voici devenu le plus puissant des dieux !

– C'était vraiment bien joué de faire prendre un vomitif à son père pour qu'il recrache tous ses enfants !

– Oui, mais sans l'aide de Métis, il n'y serait pas parvenu...

– Elle est rusée, cette Métis !

Épiméthée qui souriait, fronce à présent les sourcils. Malgré sa stature impressionnante, lorsqu'il interroge son frère, il semble aussi naïf qu'un enfant.

– Crois-tu qu'il y aura un jour un vainqueur dans cette guerre ?

Prométhée regarde au loin. Il attend que la terre cesse un moment de trembler pour répondre.

– Je me le demande. Zeus est entouré de ses frères, Hadès et Poséidon, de ses trois sœurs, Hestia, Déméter et Héra. Il y a aussi Cratos : la Domination, Bia : la Force, et Niké : la Victoire. Mais cela ne suffit pas pour qu'il l'emporte. Les Titans, dont nous sommes les fils, sont nombreux, tu le sais bien, et regarde comme ils résistent !

Le visage d'Épiméthée se contracte sous l'effet de la réflexion.

– Mais le clan des Titans n'est pas au complet. Je croyais que la victoire serait facile.

– C'est vrai qu'ils sont affaiblis. Tous les deux, nous avons été les premiers à rallier le camp de Zeus. Les Titanides sont restées neutres, et certaines même, comme Mnémosyne[1], ont un faible pour Zeus. Et tu sais bien qu'Océanos*, notre oncle, a désiré, lui aussi, rester neutre.

1. La Mémoire, mère des Muses (inspiratrices de la poésie et de la musique).

– Oui, mais je ne comprends toujours pas pourquoi.

Prométhée sourit.

– Étant le père de Métis, qui aime Zeus si follement, il lui était difficile de s'allier à Cronos.

– Pourtant, Cronos est son frère !

– Justement, Océanos est un sage, il ne veut ni se soumettre à Cronos, dont il connaît trop bien les dé-fauts, ni s'engager ouvertement dans le camp de Zeus.

Épiméthée est tourmenté. Il dit, en baissant la tête :

– Toi et moi, est-ce que nous sommes des traîtres ?

– Non, nous sommes aussi proches de Zeus que des Titans. Nous avons simplement choisi notre camp.

– Nous aussi alors, nous aurions pu rester neutres ?

– Non, Épiméthée, je t'ai déjà expliqué pourquoi nous devons être aux côtés de Zeus et l'aider à obtenir la victoire.

– Pourquoi ?

– Parce que les dieux anciens ont joué leur rôle et ce sont les jeunes dieux qui gagneront, j'en suis sûr. Alors, le monde entrera dans une période nouvelle que j'ai envie de vivre.

Épiméthée dit tout bas :

– Toi, tu imagines l'avenir, moi, j'en suis incapable, je…

Sa voix est couverte par les grondements, les cris, les coups terribles qu'échangent Olympiens et Titans.

Cette guerre divine dure depuis dix ans[1], sur la terre, dans les eaux, dans les airs.

Prométhée devient de plus en plus maussade et soucieux.

– Qu'as-tu ? lui demande Zeus. Tu regrettes de m'avoir fait confiance ?

– Non, mais je n'aime pas la violence. Je suis las de cette guerre qui s'éternise et ne vois pas comment elle pourrait se terminer.

– Toi dont la prévoyance est célèbre, n'as-tu pas une idée qui nous donnerait la victoire ?

– Je n'en ai qu'une, qui ne te plaira pas.

– Laquelle ?

– Je pensais aller interroger Gaïa, la Terre, notre ancêtre.

Zeus n'est pas enchanté de cette réponse, car il redoute les réactions violentes de Gaïa, mais il donne quand même son accord à Prométhée.

Quelques jours plus tard, Prométhée revient vers Zeus.

– Alors ? Comment s'est déroulée votre rencontre ?

– Bien, mais Gaïa est furieuse.

Déjà Zeus se rembrunit.

– Furieuse contre qui ?

1. Une année divine dure mille années humaines.

– Contre son fils.

– Lequel ?

– Cronos.

– Mon père ? Et pourquoi ?

– Cronos n'a délivré que ses sœurs et frères Titans. Effrayé par leur force, il a abandonné dans le profond Tartare ses frères monstrueux, les Cyclopes*, et les Hécatonchires, les premiers enfants que Gaïa a eus avec Ouranos.

– Oui, je sais. Et alors ?

– Alors, Gaïa ne pardonne pas à Cronos cette injustice.

Prométhée n'en dit pas plus.

Zeus a un soupir de soulagement. Il sait à présent comment il va obtenir la victoire.

Il descend au Tartare, le centre des Enfers, dans ce lieu effrayant, sombre, enfoncé au cœur de la terre, à une distance qu'une enclume d'airain qui tomberait mettrait neuf jours à parcourir. Zeus descend dans les ténèbres, interminablement. Il n'a pas peur. Il vient chercher l'instrument de sa victoire. Enfin, il franchit le Styx*, le fleuve du non-retour, passe le seuil de bronze des Enfers et se dirige vers la gigantesque tour de fer, au centre du Tartare, où sont enchaînés les monstres.

Les Hécatonchires possèdent chacun cinquante têtes et cent bras. Leur aspect est terrifiant. Zeus a un mouvement de recul devant leur taille et leur laideur. Mais il s'approche d'eux. « Après tout, ces êtres sont mes oncles, pense-t-il, je n'ai rien à craindre d'eux. » Les monstres attendent.

– Si je vous délivre et vous ramène à la lumière, combattrez-vous à mes côtés contre Cronos ?

Sur leurs cent cinquante faces se dessinent autant de rictus hideux. Cottos, Briarée et Gyès répondent en chœur :

– Délivre-nous, nous serons tes serviteurs et tu verras de quoi nous sommes capables !

Ils lèvent leurs trois cents poings et hurlent :

– Nous ne laisserons aucune chance à Cronos, ce faux frère !

Brontès, Stéropès et Argès, les trois Cyclopes, bien que géants, paraissent petits à côté des Hécatonchires. Ils braquent sur Zeus leur œil unique plein d'espoir.

– Vous aussi, je vous délivrerai si vous promettez de lutter pour moi.

Au coin de chacun de leur œil, Zeus voit une larme de joie. Les Cyclopes tremblent d'impatience à l'idée de fuir ce lieu qu'ils détestent.

– Nous ne sommes que des bâtisseurs de murs, mais délivre-nous et nous te serons éternellement fidèles.

Les Cyclopes sont aussi les gardiens du feu qui gronde sous la terre. Ayant enfin retrouvé la lumière, ils offrent à Zeus ce qui sera son arme mortelle et l'insigne de son pouvoir : la foudre, avec l'éclair et le tonnerre. À Poséidon, ils offrent le trident qui fait jaillir l'eau des rochers, assèche les sources et déclenche des tremblements de terre, et à Hadès, un casque en peau de chien. Celui-ci n'est pas très content de ce cadeau.

– Mets ce casque sur ta tête, Hadès, lui dit Argès.

À peine Hadès a-t-il posé le casque sur sa tête, qu'il disparaît aux yeux de tous.

– Que se passe-t-il ? Pourquoi êtes-vous si étonnés ?

– Tu es devenu invisible, Hadès.

Les Hécatonchires s'impatientent, ils grondent, ils veulent combattre. Ils ont déjà commencé à arracher aux montagnes des pierres énormes qu'ils jettent de toutes leurs forces en direction du mont Othrys.

Prométhée les observe et dit :

– Regardez-les. Ils ont cinquante têtes chacun, mais elles ne contiennent pas plus de réflexion que l'unique crâne du plus borné des Titans. S'ils continuent comme ça, il aura été inutile de les délivrer du Tartare.

Zeus n'apprécie pas l'ironie de Prométhée, mais il se force à la patience.

– Que préconises-tu, Prométhée ?

– Nous devons organiser l'attaque. Pour commencer, pendant que les Cyclopes bâtiront une muraille sur le mont Olympe derrière laquelle nous serons à l'abri des projectiles, je vais ordonner aux Hécatonchires de faire des tas de pierres hauts comme des collines.

– Et dans quel but ?

– Cela les occupera, canalisera leurs énergies brouillonnes et sera utile pour la suite du combat.

Le travail des monstres, sous les ordres de Prométhée, est bientôt terminé.

– Maintenant, Hadès, à toi de jouer !

Hadès, coiffé de son casque magique, se dirige vers le mont Othrys. Il voit bientôt les Titans Ménoitios et Hypérion en pleine discussion. Il s'approche d'eux, retire son casque, puis le remet aussitôt. Les deux Titans, médusés, qui l'ont vu apparaître et disparaître, se lèvent, crient, le cherchent. Hadès retire de nouveau son casque et le remet une seconde après. L'alerte est donnée. Ménoitios et Hypérion courent derrière Hadès, suivis de tous les Titans qui dévalent la pente. Bientôt ils sont tous dans la plaine. Prométhée a ordonné aux Hécatonchires de saisir, dans chacune de leurs cent mains, un rocher énorme. Ils attendent. Prométhée donne le signal. Les trois cents rochers sont projetés sur les Titans. Les Hécatonchires reprennent trois cents rochers sur les tas qu'ils ont faits et les lancent tous ensemble au signal de Prométhée, et ainsi plusieurs fois de suite. Le mouvement bien réglé, inexorable, des trois cents bras, rythmé par le rugissement sauvage qui sort des cent cinquante bouches, grise un moment Prométhée, mais bientôt il ordonne aux monstres de cesser l'attaque.

Dans la plaine, la plupart des Titans sont écrasés sous les roches, seulement blessés. Mais aucun ne meurt, car ils sont immortels. Zeus descend de l'Olympe avec ses combattants, qui ligotent les Titans blessés.

Prométhée aperçoit son frère Ménoitios, le bras coincé sous un rocher, qui écume de rage. Avec Épiméthée ils courent vers lui, mais avant qu'ils l'atteignent, le fils de Japet lève son poing libre et insulte son vainqueur qui passe près de lui. Zeus se tourne alors vers l'insolent et, courroucé, le foudroie. Sous les yeux effarés de ses frères, Ménoitios n'est plus que cendre.

Pendant un moment, le temps est comme suspendu. Zeus lui-même semble pétrifié par l'étendue de son pouvoir. Tous comprennent alors que l'immortalité des fils de Titans n'est rien devant la colère de Zeus.

– Qu'as-tu fait ? Où est mon frère ? demande Épiméthée.

– Je l'ai envoyé au fond de l'Érèbe[1], dans le fleuve de la Mort. Ainsi seront traités ceux qui me manquent de respect.

Prométhée sent la colère monter en lui, il serre les poings mais ne dit rien.

1. *Les Ténèbres.*

CHAPITRE 2

LA NAISSANCE D'ATHÉNA

Sur le flanc de l'Olympe, Prométhée et Épiméthée contemplent la terre en silence. Autour d'eux ce ne sont qu'arbres abattus, calcinés, rochers arrachés aux montagnes, crevasses béantes, rivières détournées, champs de pierres, terre éventrée.

– Quelle désolation !

– Ne te plains pas, Épiméthée, les Olympiens ont gagné cette interminable guerre et nous étions à leurs côtés.

– Oui, je reconnais que j'ai bien fait de te suivre, Prométhée. Si j'étais resté sur le mont Othrys, avec Cronos et nos oncles les Titans, je serais à cette heure au fond du Tartare, ce lieu entouré de murailles d'airain au sein des Enfers, aussi profondément enfoncé sous la terre que la terre est loin du ciel.

– Pourtant, tu n'as pas l'air vraiment réjoui.

– C'est que, quoi que tu dises, nous avons dû trahir les nôtres. Notre propre père, Japet, envoyé aux Enfers ! Et Ménoitios, notre frère, foudroyé sous nos yeux pour une insulte, et Atlas, notre aîné, condamné à porter éternellement le ciel sur ses épaules pour qu'il n'écrase pas la terre ! Et tous les Titans vaincus qui seront torturés jusqu'à la fin des temps ! Même Achéron, fils du Soleil et de la Terre, que Zeus a transformé en fleuve putride aux Enfers parce qu'il a osé donner à boire aux Titans ! Oui, nous sommes dans le camp des vainqueurs, mais mon cœur souffre.

– Le mien aussi, mais lorsque j'ai proposé aux Titans d'agir par ruse pour vaincre les Olympiens, ils ont refusé, ne comptant que sur leur force. Et voici où elle les a menés, leur force ! Nous sommes les derniers descendants des Titans, Épiméthée. Notre race primitive, élémentaire, trop proche du Chaos d'où naquit notre grand-mère Gaïa, va disparaître. Je ne me fais pas d'illusions. Moi-même, je préfère l'intelligence à la force brute qui caractérisait nos pères. Je suis un Titan dégénéré… Ou évolué, je ne sais pas. Toi aussi, Épiméthée, même si tu penses très lentement, tu es bien différent de nos ancêtres.

– Merci !

– Après nous viendront des êtres dont nous n'avons encore aucune idée, et surtout des dieux plus civilisés.

– Civilisés ?

– Moins sauvages que les forces brutales qui ont créé le monde. Moins sauvages que nos ancêtres qui mangeaient leurs enfants.

– Tu trouves que Zeus n'est pas sauvage ?

– Zeus peut être cruel, mais il est avant tout intelligent, il l'a montré dans cette guerre. Tu as remarqué comment il a agi avec les Hécatonchires ?

– Non.

– Il ne les a pas emprisonnés, il a fait mieux : il a fait d'eux les gardiens du Tartare. Ces imbéciles sont tellement fiers de surveiller les Titans qu'ils ne sont pas près de remonter à la lumière !

– On dit que Gaïa est furieuse que Zeus ait enfermé les Titans au Tartare.

– C'est normal ! Quelle mère supporterait qu'on torture ses enfants ?

– On dit qu'elle a demandé à Zeus de les délivrer, de leur faire une place auprès de lui dans l'Olympe.

– Il a refusé. Il ne pouvait faire autrement, mais je crains que Gaïa ne s'avoue pas vaincue si facilement !

– Où est Zeus à présent ?

– Zeus et ses deux frères sont en train de tirer au sort pour savoir sur quelle partie du monde ils régneront.

Le sort a décidé que Zeus, le roi des dieux, régnerait sur le ciel et la terre, Poséidon sur les mers et Hadès sur les Enfers.

Alors que chacun s'apprête à rejoindre son territoire, un bruit énorme se fait entendre, la terre tremble.

Du haut de l'Olympe, tous voient arriver un monstre couvert de plumes dont la tête semble toucher les étoiles. À chacun de ses énormes doigts, une tête de dragon crache son feu. Il beugle comme un taureau. Il écrase et calcine tout sur son passage.

– Qu'est-ce que c'est que ça ? demande Épiméthée.

– Ça ressemble à un fils de Gaïa. On dit qu'elle a séduit le Tartare lui-même pour sauver ses enfants. Peut-être ce géant est-il fils de Gaïa et du Tartare ?

– Tu dis vrai, Prométhée, gronde le monstre qui a l'ouïe très fine. Je suis Typhon. Gaïa, ma mère, m'a chargé de vous anéantir.

– Eh bien, nos ennuis ne sont pas terminés !

Zeus n'a pas oublié l'exemple que lui a donné Prométhée. Au lieu de laisser chacun attaquer le monstre à sa guise, il mobilise tous les dieux. Tous ensemble, avec leurs armes, ils harcèlent sans fin le monstre Typhon. Enfin, Zeus, à l'aide du tonnerre et de la foudre, le pousse vers la Sicile. Il soulève l'Etna[1] et

1. *Volcan sicilien, toujours en activité.*

Typhon, emporté par son élan, s'engouffre dessous. Zeus laisse retomber la montagne sur lui, l'emprisonnant pour toujours.

Il ne reste de Typhon que les flammes qui sortent de l'Etna de temps en temps. Le monde a retrouvé son calme. Il semble que Gaïa soit définitivement vaincue.

Tout est enfin tranquille dans l'Olympe, où les dieux connaissent le bonheur parfait, alternant banquets et assemblées, goûtant le nectar et l'ambroisie[1] au son de la lyre[2] d'Apollon*.

Pourtant, Zeus est inquiet. Son père lui a prédit qu'il serait un jour détrôné par son fils et il se trouve que sa femme, qui l'a conseillé durant toute la guerre, Métis l'intelligente, la prudente, est enceinte.

Zeus est partagé entre son attachement pour Métis et la crainte qui l'obsède. Il invite Métis à rester un moment auprès de lui. Ils parlent et rient en évoquant le passé.

– Toi, Métis, tu n'as pas vaincu Cronos par la force, comme moi, mais simplement par la ruse. Tu n'as même pas utilisé tes pouvoirs, alors que tu en as tant !

– Oh, j'ai seulement le pouvoir de me transformer, c'est tout !

1. Nourriture source d'immortalité. Le nectar est la boisson correspondante.
2. Instrument à cordes.

– Tu te transformerais pour me faire plaisir ?

– Oui, si ce n'est pas en une petite déesse au ventre plat !

– Mais non, Métis, c'est toi que j'aime, avec ton ventre rond. Mais je serais curieux de te voir changée en une créature monstrueuse.

Aussitôt Métis devient une sorte de lézard gigantesque, couvert d'écailles, dont la queue immense bat le sol furieusement.

– Arrête, Métis, j'ai presque peur !

Métis rit, elle est heureuse de ce jeu car, ces derniers temps, elle trouvait Zeus bien distant. Le monstre penche son long cou et sa tête verte frôle la joue de Zeus. De sa bouche pleine de dents acérées sort la douce voix de Métis :

– Veux-tu que je me transforme en quelque chose de minuscule à présent ?

– Oui, en quelque chose de tout petit et d'inoffensif si tu veux bien, dit Zeus, l'air encore effrayé.

– Tu vas voir. Tends ta main.

Le monstre s'évapore tandis que Zeus tend sa main bien à plat. Il sent dans sa paume un peu d'humidité : Métis s'est transformée en goutte d'eau. Alors, avec un affreux ricanement, Zeus l'avale. C'en est fini de Métis !

Mais, contrairement à ce que Zeus escomptait, l'enfant qu'elle portait continue à se développer à l'intérieur du dieu. Il lui pousse sur la tête une bosse énorme qui le fait de plus en plus souffrir. Ses maux de tête le rendent fou.

Les autres dieux sont effrayés et se terrent loin de Zeus qui tonne et lance des éclairs en vain. Seul Prométhée garde son sang-froid. Il éprouve même une certaine satisfaction à voir souffrir ainsi le dieu suprême qui n'a eu aucune pitié pour ses frères. Mais, assourdi par les hurlements de douleur qui font s'entrechoquer les nuages et se fendre les montagnes, il se décide malgré tout à aller chercher Héphaïstos, le dieu forgeron.

Quand Zeus voit arriver le dieu boiteux avec sa hache, il lance un cri qui s'entend jusqu'au fond des Enfers :

– Je n'en peux plus ! Fends-moi la tête immédiatement !

Héphaïstos est paralysé de terreur.

– Fais-le ou je te foudroie ! hurle son père.

– Vas-y, Héphaïstos ! dit Prométhée. Fais-le, tu ne peux pas reculer.

Héphaïstos tremble. « Il ne faudrait pas que je tape trop faiblement par respect ou trop fort par vengeance », pense-t-il.

Il prend une grande inspiration, lève la hache au-dessus de sa tête, ajuste bien son coup et la bosse s'ouvre. Et, poussant un immense cri de guerre, ce n'est pas un fils qui apparaît, mais une jeune fille, vêtue d'une longue robe, armée d'une lance, portant un casque de bronze et un bouclier.

Zeus ne souffre plus. Il prend sa fille dans ses bras.

– Quelle merveille ! Athéna sera ton nom.

La déesse pose son regard tranquille sur la tête fendue de son divin père, sur Héphaïstos encore tremblant et sur Prométhée. Ses yeux d'un bleu très clair sourient.

Prométhée apprécie beaucoup la compagnie d'Athéna, dont il admire l'intelligence.

– Athéna, je t'ai vue naître tout armée du crâne de ton père mais je n'aurais pas imaginé que ton esprit était armé de tant de savoirs.

– C'est l'héritage de ma mère. Me voici déesse de l'Intelligence et de la Sagesse. Mais je suis déesse de la Guerre aussi, ne l'oublie pas !

– Tu as raison, je l'oublie. Tu es si jeune et tu m'as déjà enseigné tant de choses dont je n'imaginais même pas l'existence, moi qui me croyais si avisé !

CHAPITRE 3
LA CRÉATION DE L'HOMME

Le temps s'écoule, paisible, sur l'Olympe. Trop paisible. Les dieux s'ennuient. Les cieux et les océans sont calmes, la terre est déserte, les Enfers sans surprise.

Une nuit, les dieux de l'Olympe, pour se distraire, fabriquent, en mêlant la terre, le feu, l'air et l'eau, des créatures vivantes de toutes sortes. Certaines sont énormes, d'autres minuscules. Ils s'amusent même à créer des êtres qui ressemblent en tout point aux dieux et puis, lassés, ils ordonnent à Épiméthée et Prométhée de distribuer à ces créatures toutes les qualités qui seraient utiles à leur vie.

Épiméthée, très excité par cette demande, s'adresse à son frère :

– Prométhée, pourrais-tu m'accorder une faveur ?

– Laquelle ?

– J'aimerais effectuer tout seul cette tâche passionnante.

– Tout seul ?

– Oui, s'il te plaît ! À observer toutes ces créatures qui ne demandent qu'à vivre, j'ai plein d'idées en tête !

– Vraiment ?

– Laisse-moi agir seul et, lorsque j'aurai fini, tu viendras vérifier mon œuvre. D'accord ?

– D'accord.

Épiméthée se met alors sérieusement au travail et il faut reconnaître qu'à quelques exceptions près (l'ornithorynque, par exemple, qu'il a, dans un moment de confusion, affublé d'un bec de canard et de poils de castor) les résultats sont remarquables. Il donne aux carnivores des dents en forme de couteaux et des griffes acérées, afin qu'ils saisissent leur proie. Il leur offre la puissance, le regard et l'ouïe perçants, la détente musculaire, la démarche silencieuse. Mais il attribue aux herbivores une oreille plus fine encore et une vitesse supérieure à la course. À certains, comme les singes, il octroie l'agilité pour toute arme. Les serpents sans pattes ont droit au venin. Aux vers de terre va le pouvoir de vivre dans le sol. Certains reçoivent le don de voir dans la nuit, et d'autres celui de vivre sans boire durant des mois. Il donne des ailes à ceux qui doivent peupler le ciel et les arbres, des ouïes et des nageoires aux créatures aquatiques. Il fournit aux petits animaux l'instinct de creuser des trous pour se cacher et une carapace à ceux qui n'auraient pas d'abri, une fourrure à ceux qui affronteront le froid, une peau épaisse pour protéger ceux qui subiront les ardeurs du soleil. Les uns mangeront de l'herbe, les autres des insectes, ou des fruits, et certains, moins nombreux et moins féconds que les précédents, mangeront la chair des autres animaux.

Tout est donc merveilleusement organisé. Épiméthée, fatigué mais heureux, a distribué à toute la création ce qui lui permettra de se sauver, de se défendre contre les prédateurs, de se protéger des intempéries, de se loger, de se nourrir. Il est sur le point d'appeler son frère, quand il aperçoit, tassé dans le renfoncement d'un rocher, un groupe de créatures nues, fluettes, sans fourrure, si ce n'est sur la tête, sans griffes ni sabots, et lorsque l'une d'elles grimace de peur à l'approche d'un félin, il remarque l'extrême petitesse de ses dents. Déjà, tout ce qui porte crocs et griffes tourne autour de ces créatures, dont rien ne vient protéger la faiblesse.

Épiméthée n'a plus rien à leur donner, rien. « Que faire ? se demande-t-il. Que faire ? Moi qui croyais avoir si bien réussi ! Oh là là ! Elles se tassent dans ce petit trou mais bientôt, elles seront dévorées par les autres. Tiens ! En voici une qui quitte son abri. Sans doute va-t-elle chercher à manger pour les autres. Elle marche sur ses quatre pattes si maladroitement ! Les bêtes aux dents acérées la suivent. Plus vite ! Plus vite ! Ah, c'est fini ! Elles se sont jetées sur l'être nu, elles le déchiquettent, le dévorent. »

– Prométhée ! Prométhée !

– Oui, qu'y a-t-il, Épiméthée ?

– J'ai fait une erreur.

– Ah, ça ne m'étonne pas ! Qu'as-tu fait ? Est-ce cet énorme appendice que tu as collé sur la face de ce malheureux monstre gris ?

– Non, cette trompe lui sera très utile. Regarde plutôt ces êtres sans défense entre les rochers.

– Qu'est-ce que c'est ?

– Ce sont les créatures que l'on nomme des hommes. Je les ai oubliées dans la distribution. L'une d'elles a déjà été dévorée par les loups. Sans aucune protection, elles disparaîtront toutes. Les pauvres ! Comme je suis désolé !

– Tu es désolé ? Vraiment ! Et que veux-tu que je fasse ?

– Je t'en prie, Prométhée, tu as toujours de bonnes idées, toi. Tu ne vas pas laisser périr cette espèce !

Disant cela, Épiméthée prend deux humains et les pose dans la main de son frère. Les deux créatures se serrent l'une contre l'autre et tentent de cacher leurs yeux derrière leurs mains. Elles tremblent. La plus forte serre contre elle la plus mince, comme si elle voulait la protéger. Soudain, elle ose lever les yeux vers Prométhée. Et ce qu'il voit dans ce regard le bouleverse. Aucune des créatures qui grognent et retroussent les babines autour d'eux n'a ce regard. Prométhée s'y plonge. Il y voit une détresse infinie, mais aussi une attente, une demande, comme une lueur de courage et d'intelligence.

– La première chose à faire pour aider ces bestioles, c'est celle-ci.

Prométhée a glissé un doigt sous le torse de chaque homme et le redresse lentement jusqu'à ce qu'il soit debout sur ses pattes arrière. Ces êtres posent sur lui leur curieux regard et Prométhée semble y lire de la surprise et de la reconnaissance.

– Prométhée, tu ne trouves pas que ces petits êtres nous ressemblent ?

Le groupe des hommes est à présent debout. Prométhée les observe. Ils partagent surtout la peur. Tout les effraie. Les autres créatures, les bruits, les mouvements, la pluie, le vent et, par-dessus tout, le tonnerre de Zeus et les éclairs qu'il s'amuse à lancer la nuit. Les plus audacieux parviennent parfois à attraper un petit rongeur dont ils ne font qu'une bouchée. Les autres mangent l'herbe qu'ils cueillent. Mais les hommes ne sont pas armés pour vivre sur la terre : les uns se font dévorer, les autres meurent de froid ou de faim, ou d'avoir mangé les restes putrides d'une bête après le passage des hyènes.

Les deux fils de Titans observent ce désastre.

– Ils me font pitié, dit Prométhée.

Athéna est venue voir les êtres vivants. Les chevaux, les félins, et surtout les oiseaux comme la chouette, ont sa préférence, mais lorsqu'elle voit les hommes sortir, hésitants, de leur grotte, elle s'extasie devant eux.

– Qu'ils sont beaux ! On dirait des dieux minuscules ! Mais ils semblent si fragiles ! Et si malhabiles ! Prométhée, tu ne voudrais pas leur apprendre certaines des techniques que je t'ai enseignées ?

– Je l'ai déjà fait, Athéna ! Regarde celui-ci comme il a tressé les branches devant sa caverne pour se cacher des bêtes et s'abriter du vent… Et celui-là, qui a bâti un petit mur et attend le passage des chèvres avec son bâton. C'est merveilleux de les observer ! Parmi les créatures vivantes, seuls les hommes apprennent. Lentement, mais ils apprennent. Peut-être deviendront-ils un jour les maîtres de cet univers si plein de vie et si désordonné…

– Ces petites créatures chétives et sans armes régneraient sur la terre ? Tu plaisantes, Prométhée !

CHAPITRE 4

PROMÉTHÉE TROMPE ZEUS

Les progrès des hommes : voilà le sujet de conversation préféré des dieux de l'Olympe. Les uns rapportent que les hommes ont creusé un piège dans lequel ils ont planté des branches pointues et qu'ils ont attrapé un ours et, chose plus extraordinaire encore, qu'après avoir mangé sa chair, ils se sont enveloppés dans sa fourrure ! Les autres racontent comment les hommes se retiennent d'arracher certaines racines et attendent qu'elles soient grosses pour les manger. Il paraît aussi que l'un d'eux a bâti un enclos de pierre dans lequel une chèvre prisonnière a fait ses petits. Zeus en prend ombrage. Il cesse un moment de poursuivre les Grâces[1] et convoque Prométhée :

– Si les hommes, que tu aimes tant, sont si semblables aux dieux, ils doivent partager avec moi la nourriture. Prométhée, apprends-leur à m'offrir des sacrifices*, afin de consacrer notre union.

– Quelle sera la part des dieux et celle des hommes ?

– Je te laisse seul juge, Prométhée.

Prométhée attrape un taureau magnifique, qu'il tue et découpe.

Les hommes, efflanqués, affamés, sont fascinés devant tant de viande fraîche. Alors, Prométhée a l'idée de tromper Zeus.

Il fait deux lots de viande. Le premier est entouré de graisse blanche, mais dessous, il n'y a que des os. Le second, peu appétissant, est composé des tripes qui enveloppent les morceaux de chair les plus fins.

Prométhée s'adresse à Zeus :

– Ô souverain de l'Olympe, je t'en prie, choisis toi-même la part qui te revient.

Zeus se laisse tenter par la graisse blanche.

Prométhée prend alors un peu de braise à la forge d'Héphaïstos et le sacrifice commence. La fumée de

1. Connues aussi sous le nom de Charites. Déesses de la Beauté, elles répandent la joie.

la graisse et des os monte vers Zeus, tandis que les hommes savourent avec ravissement ce mets inconnu : de la viande cuite à point.

Et Prométhée rit du bon tour qu'il a joué à Zeus.

Celui-ci s'énerve. Bientôt, le ciel devient noir, on entend le tonnerre. Une pluie violente tombe et éteint le feu. Les hommes, épouvantés, retournent dans leurs cavernes. Zeus interpelle Prométhée.

– Nous, les dieux, nous sommes immortels, nous absorbons des nourritures supérieures : la fumée et les odeurs de la viande, mais les hommes, mortels, seront sans répit soumis à la tyrannie de leur ventre. Manger, manger, ce sera leur obsession. Prométhée ! Crois-tu que tu as aidé les hommes en leur donnant la part comestible du sacrifice ?

– Je le crois, répond Prométhée, qui déjà comprend son erreur.

– Tu croyais me tromper en me laissant les os ? L'os avec sa moelle représente la vitalité, il est imputrescible, il est fait pour les dieux. Et la chair qui pourrit est faite pour les hommes qui, eux aussi, sont éphémères. Tu leur as donné le goût de la viande ? Ainsi, tu les as rapprochés des autres créatures.

– Mais non, ils ne seront plus jamais comme des animaux, puisqu'ils ont appris à cuire leurs aliments.

– Arrête, Prométhée ! Je ne juge pas utile, ni bénéfique

pour nous, que les hommes sortent de leur animalité. Dorénavant, ils ne trouveront pas de nourriture en abondance et je leur interdis le feu !

À ces mots, la colère de Prométhée bouillonne. Il se dresse, furieux, mais Zeus tend vers lui son sceptre.

– Ne cherche pas à t'opposer à ma volonté, Prométhée, ou ma vengeance sera terrible. Je ne veux pas que le feu, privilège des dieux, aille à la race misérable des hommes !

CHAPITRE 5
LE VOL DU FEU

Zeus éprouve du ressentiment envers Prométhée. Il est soucieux. Héra, sa nouvelle femme, tente de le rassurer :

– Ce fils de Titan a compris qu'il serait imprudent de s'opposer à toi. Il ne tentera plus de protéger les hommes, j'en suis bien certaine.

Zeus grommelle :

– Tu as de la chance d'être certaine de quelque chose quand il s'agit de Prométhée, qui n'en fait qu'à sa tête !

– Enfin, il faudrait être fou pour affronter ta colère, non ? Et pour quoi ? Pour ces bestioles que l'on appelle des hommes ? Non, ce serait trop bête !

Zeus a raison de s'inquiéter, car Prométhée est attaché aux hommes. Il ne supporte plus d'être témoin de leur terreur lorsque la nuit tombe, de les voir grelotter misérablement et tenter de mâcher de la viande crue.

C'est la saison froide, beaucoup d'entre eux perdent la vie.

Épiméthée lui aussi est triste d'assister à l'extinction de la race des hommes.

– Une seule chose est nécessaire pour maintenir ces créatures en vie, dit Prométhée à son frère. Et je sais où la trouver.

Alors, sous le regard épouvanté d'Épiméthée, il cueille la tige épaisse d'une férule[1] et se dirige vers les régions célestes.

Prométhée monte vers les nuages les plus hauts, au milieu desquels le char du Soleil va passer.

Il sait que chaque matin, dès que l'Aurore a ouvert les portes du Jour, Hélios, le Soleil, monte sur son char de feu tiré par quatre chevaux ailés piaffant d'impatience. Il s'élève dans le ciel, puis, arrivé au sommet de sa course, il redescend vers la mer.

Ce char merveilleux, resplendissant, fabriqué par Héphaïstos, porte le feu sacré du ciel, le feu divin, perpétuel.

1. Plante dont la longue tige, creuse, est très solide.

Prométhée sait combien son projet est risqué. Nul ne s'approche de la splendeur aveuglante du char du Soleil sans risquer de perdre la vue, ou d'être aussitôt embrasé comme une torche, ou piétiné par les sabots ailés des coursiers d'Hélios.

Il n'imagine pas freiner la course vertigineuse de celui qui donne la lumière au monde. Car Hélios ne s'arrête jamais. Prométhée devra arracher une parcelle de ce feu divin par surprise.

Il est prêt. Déjà la lumière devient aveuglante, la chaleur insoutenable. Le fracas métallique des sabots des chevaux emplit le ciel. Et voici que le Soleil traverse les nuages dans un éblouissement de lumière, d'étincelles, de chaleur suffocante. Les hennissements fougueux des chevaux sont renvoyés en écho de nuage en nuage. Mais Prométhée ne se laisse pas étourdir par le vacarme. Il tient dans sa main la tige creuse, plisse les yeux et bondit vers la fournaise.

Le voleur de feu a été projeté au loin. À demi évanoui, il regarde s'éloigner le char. Dans sa férule, tapie, respirant comme une bête vivante, une braise est cachée.

Il aurait envie de hurler sa joie, sa satisfaction d'avoir, encore une fois, été plus fort que Zeus, son plaisir à l'idée de tout ce qui va découler du vol qu'il vient de commettre. Mais il ne dit rien, car il ne veut pas attirer l'attention du maître des cieux.

De retour sur la terre, il fait don aux hommes de ce feu qui les protégera, les éclairera dans leurs grottes, les réchauffera, éloignera les bêtes féroces.

Il ne s'était pas trompé. Avec le feu, l'homme ne craint plus rien et sa facilité à apprendre, à inventer, à créer des techniques est décuplée. Voici que les hommes font cuire des poteries en terre, réussissent à extraire le métal des roches et le forgent pour en faire des outils. Voici qu'ils cultivent, que la terre se couvre du vert tendre des blés.

La joie de Prométhée est immense.

CHAPITRE 6
LE CADEAU DE ZEUS

Le ciel est zébré d'éclairs. Zeus tonne de fureur. Il a serré la foudre dans son poing. Il s'en est fallu de peu qu'il ne foudroie Prométhée et transforme la terre et ses habitants en une boule de feu. Mais il se contient. On l'entend gronder sourdement dans les nuées tandis qu'il réfléchit. Comment pourrait-il neutraliser Prométhée, ce fourbe, et en même temps punir les hommes ? Quel est le fléau qui pourrait émousser l'intelligence de Prométhée et le détourner définitivement de ces créatures faibles et têtues qui s'accrochent à la vie ? Comment décourager les hommes, les freiner, au point que leurs progrès seraient si lents que les déesses, et Athéna la première, se désintéresseraient d'eux ?

Zeus, après une nuit de réflexion, pense avoir trouvé la solution. Il va offrir à Prométhée et aux hommes un mal magnifique, obsédant, irrésistible. Il convoque Héphaïstos et lui donne des ordres.

La tâche n'a pas été facile, mais enfin, un jour, le dieu boiteux vient exposer aux habitants de l'Olympe le résultat de son travail : une statue d'argile représentant une créature inconnue.

Zeus demande à Athéna de lui insuffler la vie et aussitôt la créature ouvre les yeux et commence à bouger. Tous les dieux de l'Olympe l'admirent. Il y a en elle quelque chose de la beauté des déesses, des Grâces et des nymphes[1].

Zeus tousse.

– C'est une femme, dit-il, un peu troublé, car la réussite de l'œuvre d'Héphaïstos dépasse ses espérances. C'est la première femme. Jusqu'à maintenant les humains naissaient et mouraient comme le blé. Mais tout va changer pour eux. À présent, ils auront des femmes qui leur donneront des enfants.

– Qu'elle est belle ! soupire Héra sans cacher son angoisse – car elle pense que jusqu'à ce jour, elle

1. Divinités mineures qui peuplent la nature.

n'avait à se méfier que des Immortelles que Zeus séduisait sans se lasser, mais à présent, elle aura aussi comme rivales les mortelles à la beauté éphémère.

Zeus semble avoir lu dans les pensées de sa femme. Son œil brille.

– Je la veux non seulement belle, mais je vous confie la tâche, à vous, dieux et déesses, de la parer de toutes les qualités et de tous talents.

Héphaïstos pose sur la tête de la femme un diadème d'or qu'il a finement ciselé. Aphrodite* lui offre le charme, la grâce, le don de plaire aux hommes. Athéna lui fait revêtir une robe d'argent, lui enseigne le tissage et lui offre comme don l'habileté manuelle. Apollon lui apprend à jouer de la musique et à chanter. Les Grâces ornent sa gorge de colliers d'or. Chaque dieu lui ayant offert un don, Hermès*, un peu jaloux que cette femme soit le point de mire de tous, lui offre la curiosité et la liberté de mentir.

– Nous l'appellerons Pandore, dit Athéna.

– Oui, « tous les dons », c'est bien trouvé ! se réjouit Aphrodite.

– Ou « les dons de tous », réplique Héphaïstos.

Aphrodite hausse les épaules en regardant son mari.

– Comme vous voulez. Pandore est la femme parfaite que je destine à Prométhée, dit Zeus. La race des Titans s'affaiblit, ils perdent peu à peu leur immortalité. Puisque Prométhée montre tant d'intérêt pour eux, je veux faire de lui le père de la race des humains. Ses descendants seront donc mortels, ils seront hommes ou femmes. Pandore, tu vas aller de ma part au devant de Prométhée, et voici le cadeau que je t'offre pour votre mariage.

– Un coffret en or ? Qu'y a-t-il dedans ?

– Va, tu l'ouvriras quand tu seras mariée.

Prométhée et Épiméthée voient de loin une silhouette qui approche. Vêtue de tissu scintillant, couronnée d'or, des fleurs dans ses longs cheveux noirs flottants, la taille fine et les hanches rondes, la peau couleur de miel et les yeux brillants, Pandore s'avance. Les deux Titans sont bouche bée. Elle est là à présent, debout devant eux. Ils sentent son parfum.

– Prométhée ?

Sa voix est suave.

– Oui, c'est moi.

– Je suis la femme que Zeus te destine.

– La quoi ?

– La femme. Je m'appelle Pandore.

Le silence s'installe. Prométhée regarde cette créature parfaite de la tête aux pieds et réfléchit aussi vite qu'il peut. Épiméthée, lui, comme à son habitude, ne réfléchit pas et les dons de Pandore commencent à faire leur effet sur lui. Pandore, qui était sûre de son succès, est un peu désarçonnée.

– Zeus veut que nous nous mariions, dit-elle à Prométhée.

– Ah oui ? Et pourquoi ?

Pandore se trouble :

– Je ne sais pas. Il m'a donné ce cadeau de mariage.

– Qu'est-ce qu'il y a là-dedans ?

– Je ne sais pas, mais il m'a dit d'ouvrir ce coffret quand je serai mariée.

Prométhée se lève, prend le coffret et le lance le plus loin possible, dans la vallée. Il prend brutalement Pandore par le bras et lui fait faire demi-tour.

– Va-t'en ! Je n'accepte aucun cadeau de Zeus. Pourquoi me ferait-il des cadeaux ? Zeus ne rêve que de me punir, me faire obéir, m'affaiblir, me réduire à néant. Je pense donc que toi, Pandore, et ta petite boîte, vous avez été fabriquées dans ce but.

Les yeux de Pandore s'emplissent de larmes. Épiméthée est suffoqué par la violence de son frère. Il se lève, veut s'interposer.

– Et toi, Épiméthée, retiens bien ce que j'ai dit au lieu de regarder ainsi cette créature de rêve ! Prends garde. Avec l'attirance que tu éprouves pour cette femme, Zeus espère nous ligoter !

CHAPITRE 7
PROMÉTHÉE ENCHAÎNÉ

Sur le sentier raide, couvert par endroits de broussailles épaisses, coupé par les pierres énormes tombées du mont Caucase, un groupe chemine. Deux colosses au visage hideux, bardés de fer, coiffés d'un casque, le torse couvert de chaînes monstrueuses, encadrent Prométhée, qui porte au visage et sur le corps la trace des coups qu'il a reçus. Il semble à bout de résistance, il trébuche et tomberait si les deux autres ne le tenaient fermement par les bras. Devant eux claudique Héphaïstos, hirsute, presque aussi large que haut. Il porte, dans une hotte, ses outils de forgeron : marteau, pinces, ainsi qu'un petit panier dans lequel rougeoient des braises. La progression est lente et difficile. Personne ne parle. On n'entend que les souffles rauques, le tintement de chaînes et, derrière les nuages, le tonnerre qui gronde en permanence. De temps en temps un éclair teinte de bleu les quatre silhouettes sinistres.

Enfin, ils arrivent au sommet. Ils dominent à l'infini les pics qui trouent les nuages et les vallées qui se perdent dans la brume. Il y a, au bord du gouffre, un large rocher à peu près plat.

L'illustre boiteux s'adresse au prisonnier :

– Prométhée, c'est à ce rocher, au sommet du mont Caucase, face au précipice, que je dois sceller ces chaînes. Je les refermerai sur ton corps nu et nul ne pourra les détruire. Zeus te condamne à rester là pour l'éternité.

– Héphaïstos ! Comment peux-tu enchaîner ainsi de force un Immortel, un membre de ta famille ?

Le dieu forgeron fronce ses sourcils en broussaille, on ne voit presque plus ses yeux.

– Mon cœur saigne, je souffre de tes souffrances, Prométhée, mais je dois le faire. J'obéis au père des dieux ! J'ai déjà subi sa colère, je ne tiens pas à ce qu'il me jette encore une fois du haut de l'Olympe. C'est bien à contrecœur que j'ai forgé ces chaînes destinées à ton supplice. Mais ce sont les ordres de Zeus. Voilà ce que tu as gagné à vouloir être le bienfaiteur des hommes ! Pourquoi as-tu dérobé le feu divin pour le leur offrir, malheureux ?

Prométhée serre les dents et tente de se dégager de la poigne des deux géants. Il hurle :

– Avant que je leur apporte le feu, les pauvres hommes étaient les êtres les plus faibles qui soient. Ils sont devenus des créatures supérieures aux bêtes grâce à moi. Le feu qu'ils savent manier à présent, n'est-ce pas ce qui distingue les hommes des bêtes ? Zeus a-t-il peur de la puissance que le feu donne aux hommes ?

– Zeus n'admet pas ta désobéissance, Prométhée, c'est tout ! Il n'a peur de rien.

– Pourtant, il devrait avoir peur…

– Pourquoi dis-tu cela ?

– Pour régner, Cronos a dû réduire Ouranos, mon grand-père, à l'impuissance. Zeus n'est devenu ce qu'il est qu'après avoir, avec mon aide, éliminé son père. Mais Cronos a prononcé la malédiction : un fils viendra à Zeus qui prendra sa place. Il en est ainsi chez les dieux : le fils détruit le père pour régner.

– Quoi ? Que dis-tu, Prométhée ?

– Je dis ce que je sais. Ne m'appelle t-on pas « le prévoyant » ?

– Ce fils est-il conçu déjà ?

– Non, mais le roi des dieux convoitera sa mère. Elle prendra place tôt ou tard dans la collection de ses maîtresses.

– Qui est-elle ? Une femme ? Une déesse ?

– Quelle naïveté, Héphaïstos ! Crois-tu que je vais te le dire ? Que Zeus le devine ! Qu'il crève des mains de son fils ou qu'il me délivre. Je ne dirai rien. L'attente de sa chute me donnera la patience de supporter son injustice…

– Ne sois pas insolent, Prométhée, tu risques…

– Je risque quoi de plus que d'endurer, face au ciel, agrafé sur un rocher, des souffrances infinies et l'infamie d'être un dieu torturé par un autre dieu ? Et tout cela pour avoir dérobé le feu et l'avoir offert aux hommes ? Il a jugé mon acte sacrilège car, autour du feu, les hommes se sont groupés pour fonder des familles, et Zeus ne veut pas que l'on dise « père » à un autre que lui. Il devient fou à l'idée qu'un être aussi vil qu'un homme puisse avoir de l'autorité sur quoi que ce soit. Il veut être le seul à avoir du pouvoir. Il veut que l'homme demeure esclave. Personne ne doit être indépendant, hormis lui. N'a-t-il pas inventé la femme, cette créature perfide, pour entraver l'homme ? Zeus est un tyran. Regarde les deux serviteurs qui gardent son trône et qu'il a chargés de venir me capturer, afin de m'emmener jusqu'ici : Cratos et Bia : Domination et Force. Ah, ils sont beaux ! Des brutes au crâne creux, qui s'expriment en grognant, incapables de rien faire d'autre que de cogner, voilà sur qui il appuie son pouvoir ! Je te le dis, Héphaïstos, je méprise la petitesse de

Zeus, son manque de générosité. Les hommes étaient des créatures fragiles, sans aucune chance de survie, je devais leur offrir cette chance. Zeus n'est pas d'accord, mais cela m'est égal. Je ne regrette rien !

Héphaïstos, le fils de Zeus et d'Héra, a écouté parler Prométhée tout en soudant des chaînes monstrueuses aux anneaux qu'il scelle au rocher. Ces chaînes s'entrecroisent sur le corps nu du Titan que Cratos et Bia maintiennent plaqué sur la dalle. Héphaïstos souffre d'obéir à son père, mais il effectue parfaitement la tâche qui lui a été confiée. Il sait combien l'injustice blesse, lui qui a été rejeté par Héra, sa mère, qui le trouvait trop laid. Il connaît les brûlures de la haine, lui qui, par vengeance, a offert à sa mère un trône-piège qui devait la retenir éternellement prisonnière. Il connaît le désespoir de celui qui est trahi, car c'est Dionysos, en qui il avait confiance, qui lui a dérobé la clé pour délivrer Héra. Il préfère ne pas trop penser à sa compagne, Aphrodite, la plus resplendissante des déesses, qui le trompe sans cesse.

Il se souvient de ce jour où, voyant ses parents se disputer, comme si souvent, il a pris la défense de sa mère. Cela a déplu à Zeus, qui l'a précipité au bas de l'Olympe. Toute une journée, il est tombé dans le vide, terrorisé. Il a atterri, à demi mort, sur l'île de Lemnos, où les habitants l'ont recueilli et soigné. Pour remercier ses sauveurs, plus tard, il leur a enseigné l'art de travailler le métal.

Il a appris à se taire. Il trouve l'oubli et la paix dans la création de bijoux, de palais somptueux pour les dieux. Plus tard il fondra des armures merveilleuses pour des humains exceptionnels, comme Achille*.

– Voilà, ma tâche est terminée. Te voici solidement cloué à ce rocher, Prométhée, allongé, face au ciel, pour l'éternité peut-être. Pourquoi avoir tant risqué pour les hommes ? Les aimes-tu tant que cela ?

– Je me sens plus proche des hommes que des dieux. D'ailleurs, Zeus, en leur interdisant les bienfaits du feu, ne veut-il pas les éliminer, comme il a éliminé les Titans ?

– Mais qu'attends-tu des hommes ?

– Je pense qu'avec le feu, maître de tous les arts, les hommes feront de grandes choses. Ils étonneront les dieux !

Héphaïstos est surpris :

– Même moi qui suis le maître du feu ?

– Mais bien sûr, mon pauvre Héphaïstos ! Tu es maître du feu au service de Zeus, tu forges des trônes, des armures, des flèches, des robots même, et des bijoux. Et je sais que c'est toi qui as forgé Pandore à la demande de Zeus. Mais les hommes, eux, feront mieux que toi, ils travailleront pour eux !

CHAPITRE 8
LA BOÎTE DE PANDORE

Dans la plaine, bien loin des sommets tourmentés du Caucase, un couple se promène en parlant gaiement. La femme est d'une grande beauté. Ses cheveux bruns ondulent sur son dos. Soudain, elle se baisse et dégage un objet à moitié enfoui dans le sol.

– Épiméthée, regarde ce que j'ai trouvé : n'est-ce pas la boîte que Zeus m'avait donnée comme cadeau de mariage et que Prométhée a jetée au loin comme il m'a rejetée ?

– Malheureuse, donne-moi ça, n'y touche pas !

– Qu'est-ce qu'il peut bien y avoir dedans ?

– Si Prométhée n’a pas voulu de cette boîte, s’il a refusé de l’ouvrir, c’est qu’il y a là-dedans quelque chose d’affreux ! Débarrassons-nous de cet objet, je t’en conjure !

– Ah bon ? Tout ce que Prométhée rejette est affreux ?

– Oui. Lui, il prévoit les catastrophes...

– Il n’a pas voulu de moi non plus. Tu me trouves affreuse ? Je suis une catastrophe ?

– Non, Pandore, je...

– A-t-il eu raison de refuser de m’épouser ?

– Non, il a eu tort, tu es la plus merveilleuse compagne qui soit...

– Tu vois ? Il a pu se tromper. Ne restons pas idiots devant cette boîte, apportons-la à la maison et ouvrons-la !

– Ta curiosité me fait peur, Pandore.

– Mais non, gros bêta, regarde, le couvercle est à peine retenu par ce petit crochet. Hop !

– Ah, quelle horreur ! Qu’est-ce que c’est qui nous pique ? Aïe ! Aïe !

– Moi aussi, je suis piquée de partout ! Au secours ! Baisse le couvercle, Épiméthée ! Vite !

Épiméthée et Pandore s’enfuient.

Au loin, les chants des hommes qui travaillaient aux récoltes, les bruits des instruments de travail, la voix des mères riant avec leurs enfants cessent peu à peu et l’on n'entend bientôt sur la terre que cris et lamentations. Ce qui a jailli de la boîte attaque les humains, sans pitié. Ce cadeau des dieux, ce sont les maladies, la pauvreté, la vieillesse, la guerre, les erreurs, les souffrances, la folie, qui s'abattent sur l'humanité.

Pandore et Épiméthée sont atterrés. Revenus près de la boîte, ils entendent un bourdonnement.

– Qu'est-ce que c'est ? Pandore, attention, ne t'approche pas de cette maudite boîte !

– Tais-toi, Épiméthée ! J'ai l'impression qu'une voix dedans dit quelque chose…

– Quelle voix ? Méfie-toi, Pandore !

– Chut ! (Elle parle contre la boîte.) Eh, toi qui es resté enfermé, quel genre de malheur es-tu ?

– Je suis l'Espérance. Laisse-moi sortir car, sans moi, jamais les hommes ne pourront supporter les maux qui s'abattent sur eux.

– N'en fais rien, Pandore ! Si elle te mentait ?

– Tant pis si je me trompe, je préfère la libérer. Va, Espérance, si tu peux soulager un peu les humains…

CHAPITRE 9
LA COLÈRE DE PROMÉTHÉE

Prométhée est terriblement seul sur son rocher, mais il n'en souffre pas encore, car il est en proie à une colère sans bornes. Il se débat et s'écorche aux chaînes qui l'emprisonnent. Il hurle et ses cris se répercutent en écho d'une paroi à l'autre des montagnes et s'abîment dans les précipices. Mais soudain, alors qu'il reprend son souffle, il entend, venant du fond du ciel, un étrange bruit. L'air sec des montagnes s'emplit aussitôt d'une vapeur salée parfumée d'iode.

« Quel est ce claquement ? On dirait de gigantesques battements d'ailes », se dit-il.

Prométhée voit apparaître un char tiré par un griffon aux ailes immenses.

– Océanos ? Mon oncle, quel immense voyage as-tu fait pour arriver jusqu'ici ? Tu as quitté tes vagues et tes grottes marines, et ta compagne Téthys et vos trois mille enfants fleuves pour venir sur ce sommet aride ? Viens-tu assister à mon supplice ou t'indigner de mon sort ?

– Mon pauvre Prométhée, dans quel état es-tu ! Comment un dieu si riche de qualités est-il devenu un maudit ?

– Je ne veux pas de ta pitié.

– Tu ne peux mettre en doute mon affection. Je suis ton oncle et, depuis que j'ai reconnu tes qualités, je suis attaché à toi comme à un ami.

– Ah, l'amitié ! On sait ce que ça vaut : n'étais-je pas l'ami de Zeus ?

Le visage du vieil Océanos est empreint de tristesse, mais sa voix est ferme :

– Il faut que tu m'entendes, Prométhée. Je n'ai pas l'habitude de mâcher mes mots, tu le sais : si tu continues à invectiver ainsi Zeus, les tortures que tu endures aujourd'hui te paraîtront douces en comparaison de ce qu'il peut t'infliger par colère. Parce que je tiens à toi, je te demande de maîtriser tes paroles, d'endurer en silence un châtiment qui n'est pas totalement injuste, et j'irai alors auprès de Zeus plaider ta cause.

– C'est inutile, tu ne réussiras qu'à l'irriter. Si tu exprimes ta compassion pour moi, tu t'en feras un ennemi. C'est inutile.

– Prométhée, tu ne pourras pas m'empêcher de tenter de persuader Zeus de te délivrer.

– Ne commets pas cette folie, mon oncle. Tu as eu l'intelligence de te tenir à l'écart lors de la guerre contre les Titans, alors reste à l'abri et moi je vais continuer à endurer ma peine.

– Je vois que tu es plus sage pour les autres que pour toi-même !

L'espace d'un instant, sur les traits de Prométhée, Océanos voit un désespoir infini.

– Je te remercie, Océanos, mais tu ne pourras rien contre le tyran sans pitié qui est à présent le maître du monde. Ne te mets pas en danger.

Océanos, désolé, remonte dans son char. Le griffon à bec d'aigle secoue sa fourrure rousse et gratte le roc de ses serres puissantes tandis que les muscles de ses pattes arrière, qui sont celles d'un lion, frémissent sous l'effort. Ses ailes démesurées se soulèvent, faisant tourbillonner la poussière.

– Vas-tu écouter mon conseil, Prométhée ?

– Lequel ?

– Celui de te taire…

– Et pourquoi ?

– Le cœur du roi de l'Olympe s'amollira peut-être…

– À moins que le coup que lui portera son fils l'amollisse définitivement.

– Que dis-tu ? Quel fils ?

– Rien, rien, Océanos. Pars, ne retiens pas ton griffon. Au revoir !

Les jours passent, Prométhée subit le froid glacial et le soleil brûlant, le vent qui dessèche, la pluie qui ruisselle sous ses reins. Comme chaque jour, après avoir hurlé sans fin sur son rocher, il s'est assoupi. Il n'a pas entendu le pas léger de la femme qui est près de lui soudain.

– Eh bien, Prométhée, te voilà bien arrangé ! Héphaïstos ne t'a pas raté ! En voilà des chaînes dignes des Enfers ! Tu ne risques pas de t'échapper. Tu ne dis rien ? Tu me reconnais, n'est-ce pas ? Je suis Pandore.

La surprise est si grande qu'en effet il reste sans voix. Pandore retire le voile qui couvre sa chevelure.

– Permets que j'étende mon voile sur toi pour que tu ne sois pas gêné par ma présence. Voici donc les chaînes que tu as préférées à celles du mariage que te proposait Zeus ? Tu m'as refusée, moi, la femme parfaite offerte par les dieux. C'est très impoli, tu sais ? On ne refuse pas les cadeaux.

– Chacun est libre de ses choix.

– Je suis d'accord, mais j'aimerais qu'un jour tu m'expliques pourquoi tu n'as pas voulu de moi. Oh ! pas aujourd'hui ni demain, nous avons le temps. Il paraît que tu es là pour trente mille ans[1] !

À ces mots, Prométhée serre les mâchoires, mais Pandore ne semble pas le remarquer.

– Ne crains pas de me parler, je suis à présent ta belle-sœur. Épiméthée, ton frère, m'a voulue pour femme, lui.

– Sois heureuse autant que tu peux avec ce nigaud, qui réfléchit toujours après coup.

Pandore se penche sur Prométhée et crie :

– Ne parle pas ainsi de mon mari ! Et dis-moi, ta brillante intelligence t'a-t-elle rendu plus heureux que lui ? Toi qui prévois tout, soi-disant, pourquoi es-tu là ? Tu devrais cesser de tirer sur tes chaînes et de taper des poings et des pieds sur ce rocher. Tu es tout ensanglanté. Ta voix est rauque. On m'a dit que tu hurlais sans cesse contre Zeus. Tu l'invectives jusqu'à l'épuisement. Pourquoi ?

– Crois-tu que Zeus m'a dompté ? Comment peux-tu demander pourquoi je me révolte ? Ne suis-je pas victime d'une injustice terrible ? De quel droit Zeus me retire-t-il ma liberté ?

Pandore s'assied sur une roche, près de Prométhée. Elle parle d'une voix ferme :

– Tu as trahi Zeus, par deux fois. Tu devrais t'estimer

1. *Soit trente années « divines »...*

heureux de n'avoir pas été foudroyé, comme ton frère Ménoitios. Ou bien voudrais-tu porter éternellement le ciel sur ton dos, comme ton frère Atlas, pour prix de ta désobéissance ?

– Il a puni mes frères qui l'ont combattu, mais moi, il m'enchaîne, alors qu'il me doit d'être le roi de l'Olympe ! J'ai mis librement ma force et mon intelligence à son service. J'ai combattu dix ans à ses côtés. Quelle cruelle récompense !

– C'est pour cela que tu es en vie, Prométhée. Zeus n'oublie pas ce qu'il te doit, lui. Tu as trahi ta famille de Titans pour le soutenir, cela est entendu, mais lorsque les hommes lui ont offert un taureau en sacrifice, tu les as incités à le tromper. Et tu as ri de voir Zeus se laisser abuser. Comme s'il n'avait pas déjoué ta ruse ! Non content de l'avoir ainsi bafoué, par la suite tu as trahi le Ciel étoilé en dérobant le feu à la roue du Soleil. Tu croyais pouvoir te moquer indéfiniment de lui ?

– Non, je savais que pour avoir distribué le feu aux hommes, je serais châtié.

Pandore ne dit rien. Sur le chemin, elle a cueilli des feuilles et des branches. Elle tresse quelque chose que Prométhée ne voit pas. Il ne demeure pas longtemps silencieux. Il a besoin de parler. Il est si seul. Il aimerait qu'elle le regarde, mais son visage reste penché, caché par ses cheveux.

– Peut-on me reprocher d'avoir pris la défense du plus faible ? Les hommes avaient faim, je leur ai conseillé de manger la viande du sacrifice. Ils avaient froid et peur du noir, je leur ai apporté le feu.

Toujours penchée sur son ouvrage, Pandore répond d'une voix calme :

– Prométhée, je ne sais pas si tu es tout à fait sincère. Tu as défié Zeus par plaisir aussi, avoue-le.

– Avant ces histoires d'humains, j'ai soutenu le faible Zeus quand il était sur le point d'être vaincu par les Titans. Ah ! il n'était pas si fier, le dieu tout-puissant ! Mais je vais te dire une chose : les puissants détestent qu'on leur rappelle qu'on les a aidés.

– Zeus craint peut-être que…

Prométhée perd son calme, les montagnes répercutent l'écho de sa voix :

– Zeus sait très bien que jamais je n'ai pensé à le détrôner. Le pouvoir ne m'intéresse pas. Il n'a pas le droit de me prendre ma liberté ! Pas le droit !

Pandore lève la tête et pose sur ses cheveux noirs la couronne de clématites qu'elle vient de terminer. Ainsi parée, elle est divinement belle.

– Zeus a tous les droits, Prométhée. Et toi, tu te crois meilleur que tu l'es. Je reprends mon voile. Je vais partir.

– Pourquoi reprends-tu ton voile ? Laisse-le-moi, je n'aime pas être ainsi exposé, nu.

– Zeus te veut nu et enchaîné sur ce rocher. J'obéis.
– Je déteste ceux qui obéissent !
– Au revoir, Prométhée.

CHAPITRE 10
LE CHÂTIMENT

Un jeune homme très mince, chaussé de sandales ailées et coiffé d'un chapeau à large bord, est monté au pas de course, sans effort, jusqu'au rocher où Prométhée, loin de tout et de tous, endure l'ardeur du soleil. Il tient dans sa main l'insigne du messager, le caducée[1] aux deux serpents.

– Qui vois-je là ? Le bel Hermès, le messager de Zeus ? Son gentil petit serviteur ? Qui es-tu aujourd'hui ? Le patron des voleurs ? Il n'y a rien à voler ici,

1. *Baguette autour de laquelle s'enroulent deux serpents. Attribut d'Hermès messager.*

tu peux le constater. Si tu te présentes à moi comme le patron des voyageurs, tu tombes mal, les voyages m'ont été interdits par ton père. Si tu es là en tant que conducteur des âmes, tu peux t'en retourner, tu sais que je ne suis pas un mortel. Jamais tu n'accompagneras mon ombre jusqu'au Styx pour la confier à Charon. Pourquoi es-tu venu jusqu'à moi ? Je me le demande.

– Prométhée, je ne supporterai pas tes persiflages. Remarque, vu ta situation, il ne te reste que l'ironie. Où est ta gloire, voleur de feu ? Où est ta superbe, offenseur des dieux ? Tu es pitoyable sur ce rocher !

– Tu es venu uniquement pour m'insulter, esclave de Zeus ? Insulter un Titan enchaîné comporte bien peu de risques, n'est-ce pas ?

– Je ne m'attarderai pas à te répondre. Mon père, Zeus, sait que tu fais allusion à un mariage qui lui sera fatal. Il t'ordonne de parler.

– « Mon père t'ordonne… » Tu vois bien que tu es un valet de Zeus ! Je préfère être cloué à ce roc que serviteur d'un dieu injuste. Ton maître peut tonner, m'outrager, je ne plierai pas tant qu'il ne m'aura pas délivré. Je suis fier…

– Tu es fier ? Tu es surtout sans cervelle, oui ! Tu es fou, Prométhée. À cause du secret que tu détiens, mon père ne va pas te foudroyer, mais les souffrances que tu endures à présent te paraîtront des caresses comparées au sort qu'il te réserve.

– Tu me menaces ?

– Mais non, c'est Zeus qui te menace, et tu es tellement inconscient que tu ne mesures pas l'horreur du sort qui t'attend.

Sur ces mots, Hermès remet son chapeau et s'en va de son pas léger, tandis que, du haut du ciel, un point noir lentement grossit. Bientôt il cache le soleil. Une ombre en forme d'aigle gigantesque s'étend sur le rocher.

– Ah, Zeus ! s'écrie Prométhée. Voilà le sort que tu me destinais ? Cet aigle va me déchiqueter. Je vois la cruauté dans son œil d'or, implacable. Ses serres énormes frôlent ma poitrine. Il se pose près de moi. Ses ailes me cachent le soleil. Son bec frôle mon visage.

Chaque après-midi, sur le Caucase, le soleil se voile à la même heure et l'ombre qui étend ses ailes annonce le supplice de Prométhée. Les douleurs qui lui tordent le foie n'ont cessé qu'au matin, et la torture va recommencer.

En voyant l'aigle rouge gigantesque descendre vers lui, il implore Gaïa : « Ô mère de tout ce qui existe, aide-moi ! »

Mais l'aigle se rapproche inexorablement. Il fixe Prométhée de son œil rond. Le Titan est aspiré dans une spirale vertigineuse, il monte, monte. Et retombe brutalement dans un cauchemar, chaque fois différent, mais qui se termine toujours de la même façon.

Toujours le fracas, toujours les champs de ruines fumantes, l'odeur de soufre et de charognes. Et toujours, dans la fumée noire, un humain se précipite sur lui et lui enfonce une lame dans le foie. Un éclat de métal le transperce, un feu, un poison détruisent son foie, et chaque cauchemar est plus douloureux que le précédent. Chaque cauchemar le plonge plus profondément dans la folie des hommes.

Lorsqu'il émerge enfin de ces visions d'horreur, l'aigle est toujours là.

– Prométhée, tu as donné le feu aux hommes, persuadé qu'ainsi tu améliorerais leur vie. Tu as vu ce qu'ils ont fait de ton feu ?

Prométhée se tord de douleur.

– Prométhée ! Que t'est-il arrivé ? Tu souffres ? En quelques jours tu sembles avoir vieilli de plusieurs années.

– Ce n'est rien, Pandore, j'ai un peu mal au foie.

– Fais voir ? Mais il n'y a rien, ni blessure ni cicatrice. On m'avait dit que…

– Qu'est-ce qu'on t'avait dit ?

– Que l'aigle de Zeus te dévorait le foie.

– Et toi, curieuse, tu es montée jusqu'ici pour voir ça ?

– Oui.

– Ça ne te gêne pas ?

– Non. On m'a faite curieuse.

– Et tu ne te révoltes pas contre ce destin de curieuse ? Mais quelle créature es-tu donc ? Qu'as-tu accompli dans ta vie ?

– Tu sais très bien qui je suis, Prométhée : une créature façonnée, ornée par les dieux, pourvue de toutes les qualités, qu'ils t'ont offerte pour essayer de te sauver.

– De me calmer, de me ligoter, tu veux dire !

– Pense ce que tu veux ! Qu'ai-je accompli ? Pas grand-chose. Je rends mon mari heureux, je tisse, je compose des chansons et je viens régulièrement te faire la conversation.

– Tu as oublié le plus grave…

– Quoi ?

– Le défaut que t'ont donné les dieux t'a poussée à ouvrir la boîte que j'avais jetée, délivrant maux et crimes qui se sont répandus sur les hommes ! La vieillesse, la nécessité de travailler sans répit, le vice, la maladie, la folie, la passion, la guerre.

– Mais, Prométhée, tu as mis les hommes debout, ce qui est le privilège des Immortels. Avec le feu, ils seraient devenus aussi puissants que les dieux ! Ils auraient créé sans cesse, sans réflexion, sans conscience. La technique sans âme est un cauchemar, tu le sais ! Il fallait leur envoyer des maux pour qu'ils réfléchissent, qu'ils acquièrent des qualités humaines !

– Quels avantages peut offrir une calamité comme

la vieillesse, par exemple ? Peux-tu me le dire, femme perfide ?

– Les hommes sont mortels, contrairement aux dieux. Ils doivent faire des projets pour embellir ce temps limité qu'est leur vie. Ceux qui vivent assez longtemps pour avoir la chance de connaître la vieillesse apprendront la lenteur, la prudence, la contemplation. Le petit enfant et le vieillard feront alliance. Ceux qui sont encore jeunes apprendront la prévoyance, sachant que les vieillards craignent les intempéries et l'inconfort. Ceux qui sont forts sauront qu'ils deviendront faibles avec l'âge. Ceux qui sont en bonne santé protégeront les malades. Ceux qui sont sains d'esprit sauront que la folie peut un jour les atteindre…

– Les hommes vont perdre leur spontanéité, la fougue de la jeunesse ! Ils deviendront peureux…

– Mais non, voyons ! Il y a un temps pour tout. La jeunesse sera toujours la jeunesse, mais grâce à la vieillesse, l'homme mûrira et réfléchira sur sa vie. Il…

– Cet homme qui mûrit et marche à pas comptés me fait horreur, Pandore ! J'ai bien assez des cauchemars que m'inflige l'aigle. Va-t'en !

– Les cauchemars ? Quels cauchemars ?

– Va-t'en ! Tu me fatigues.

– Puis-je te dire encore une chose ?

– De toute façon, tu la diras.

– Pour qu'ils aillent sûrement vers le bonheur,

Prométhée, mieux que les techniques, je sais ce que tu aurais dû apprendre aux humains.

– Qu'aurais-je dû leur apprendre ?

– À écouter les femmes !

CHAPITRE 11

LA FOLIE DES HOMMES

Pandore est penchée sur Prométhée qui dort.

– Prométhée ?

– Oui !

– Pourquoi gémissais-tu si fort dans ton sommeil ?

– Je gémissais ?

– Oui. Pourquoi ?

– C'est le cauchemar, toujours le cauchemar.

– Tu peux me le raconter ?

Prométhée semble épuisé. Ses traits sont creusés. Il soupire.

– Oh ! je ne sais plus. Je mourais à cause d'un

homme affreux, adoré comme un dieu par des millions d'autres hommes…

– Mais tu n'es pas un homme, Prométhée, tu n'es pas mortel !

– Dans les cauchemars de l'aigle, je suis toujours un homme, jeune ou vieux. Je suis même parfois une femme ou un enfant, et c'est toujours le mauvais usage que les hommes font du feu et des techniques qui déchire mon foie et me torture.

– Tu parlais de cet homme…

– Oui. Il a dit qu'il allait nettoyer l'humanité et qu'après cela les autres accéderaient au bonheur. Mais j'étais dans le groupe de ceux qui devaient être « nettoyés », tu comprends ? C'était horrible.

Pandore est émue par la souffrance inscrite sur le visage de Prométhée. Elle demeure un moment silencieuse, puis :

– Je crois que ce genre de mensonge prend toujours avec les hommes !

– Qu'ils sont bêtes ! Comment ai-je pu m'intéresser à eux ?

– Mon cher beau-frère, tu oublies un peu vite que toi aussi, en leur donnant le feu, tu as voulu leur apporter le bonheur.

Le Titan n'ajoute rien, car il craint que Pandore ne reparte. Sans vouloir se l'avouer, Prométhée attend chaque matin, depuis les premières lueurs de l'aube, la visite de la jeune femme. Quand le soleil se fait plus chaud et que l'aigle apparaît au loin sans que Pandore soit venue lui dire quelques mots, il se sent plus abandonné encore. Il ne sait pourquoi, mais les mots de cette femme, même ironiques, même méchants, même banals, lui donnent le courage d'affronter l'épreuve de l'aigle. Reconnaître cela ne le met pas de bonne humeur.

– Repose-toi, Prométhée, tu as l'air épuisé. Je vais rester là. J'ai apporté mon ouvrage. Dors, je ne ferai aucun bruit.

– Tu n'as pas dormi. À quoi pensais-tu, Prométhée ?

– Aux hommes.

– Ah bon ?

– Je les revoyais tels qu'ils étaient quand je me suis intéressé à eux pour la première fois : des êtres apeurés et nus qui vivaient dans les grottes. Ils ne savaient rien. Ils erraient dans la brume de l'ignorance. Le gonflement des fleuves à l'automne, le froid de la nuit, la hauteur des précipices, tout les surprenait, les tuait. Alors, grâce à Athéna, je leur ai appris la succession des saisons, puis j'ai inventé pour eux la science des chiffres, sans laquelle rien ne peut se comprendre. Je les ai initiés à la construction des maisons en briques d'argile, au travail du bois et, lorsqu'ils ont eu des abris sûrs, je leur ai donné la science des mots écrits, mémoire de toute chose. De moi, ils ont appris à soumettre les animaux, afin de s'épargner des efforts. Je leur ai donné les voiles qui permettent de traverser les mers. Les hommes étaient faibles de corps, je leur ai appris à cueillir les herbes qui fortifient.

– Tu es fier de ton œuvre ?

– Oui.

– Mais les hommes, ces créatures éphémères, ne te remercient pas.

– Je n'ai pas agi pour que l'on me remercie. Je ne regrette pas mes dons, mais comment se fait-il qu'avec tout ce que j'ai appris aux hommes je ne sache pas comment me délivrer moi-même de ma misère ?

Chaque jour, l'aigle, par la force hypnotique de son regard, transporte Prométhée sur un champ de bataille, sous les décombres d'une ville détruite, dans une prison où on le frappe au foie jusqu'à ce que mort s'ensuive.

L'aigle regarde Prométhée terrassé par la douleur sous ses chaînes. Il le touche du bec.

– Ne hurle plus. C'est fini.

– Mais qu'est-ce que c'est que ces cauchemars ? Où vas-tu chercher ces tortures ?

– Je ne vais rien chercher, Prométhée. Est-ce bien toi qui as donné la technique aux hommes pour embellir leur vie ?

– Je ne peux plus supporter cela ! Je ne peux plus ! Pourquoi me montres-tu sans cesse des hommes qui s'entretuent, qui dévastent la terre ? Pourquoi inventes-tu de telles horreurs ?

– Je n'invente rien, Prométhée. Je te montre l'avenir.

– Mais dans ce dernier cauchemar, il n'y avait plus d'hommes. Plus de vie. La terre était morte. C'est cela l'avenir ?

– Oui, ils en arriveront là, par imprévoyance et sottise. Chacun voudra seul avoir raison, personne ne voudra écouter personne et ils empoisonneront la terre.

Prométhée ferme les yeux. Un sanglot monte dans sa gorge. L'aigle, sans pitié, reprend :

– Tu vois, Prométhée, comme tu le pensais, ils réussiront à la fin à égaler les dieux… dans leur pouvoir de mort.

– Comment ont-ils pu ne pas réfléchir en voyant arriver la catastrophe ?

L'aigle baisse la tête, tout le corps de Prométhée frémit. Mais le bec terrible ne le touche pas.

– Toi-même, le plus intelligent des fils de Titans, tu t'es mis volontairement dans une situation catastrophique. Pourquoi voudrais-tu que les humains soient plus raisonnables ?

Prométhée soupire.

– Tu as raison.

CHAPITRE 12

LES DOUTES DE PROMÉTHÉE

Prométhée sourit. S'il n'était pas enchaîné, il ouvrirait largement les bras.

– Athéna ? Toi que j'ai vue naître, mon amie, te voici enfin ! J'ai tant attendu ta visite ! Quelle joie de voir à nouveau le gris-bleu de tes yeux ! Pose ton casque et ta lance et viens me dire ce qui me vaut l'honneur de ta présence.

– Prométhée, ton sort m'a attristée. Je ne voulais pas te voir rugir et te débattre dans ta colère inutile, comme si le feu que tu avais volé te brûlait à l'intérieur. Je ne pouvais pas risquer d'entendre les insultes que tu lançais contre mon père. On m'a dit que tu étais devenu patient enfin, et je suis venue parler avec toi.

– Moi, devenu patient ? Je crois plutôt que je suis dompté, comme un cheval sauvage, épuisé par les coups et les cordes.

– Et ton esprit ?

– C'est étrange, mais dans ce corps prisonnier, mon esprit va librement, il ne cesse d'avancer.

– Et cela t'est agréable ?

– Non. Parfois, je me demande…

– Tu te demandes quoi ?

– Si j'ai eu raison…

– Tu doutes, Prométhée ?

– Oui.

– Enfin !

– Pourquoi enfin ?

– Parce que le doute est le début de la sagesse.

Prométhée fait une grimace.

– Mais le doute me ronge comme les cauchemars de l'aigle. Je me sens coupable d'avoir donné le feu aux hommes sans les connaître, sans m'interroger sur leurs véritables besoins, sur leurs capacités à faire bon usage de ce feu. J'avoue que je n'ai pas imaginé qu'ils pourraient l'utiliser pour faire leur malheur.

– On ne peut apporter le bonheur à qui ne fait pas l'effort de le construire.

– C'est juste, Athéna. Je n'ai pas réfléchi aux conséquences de mon don. Je n'ai pas été capable de les protéger.

– Les protéger de quoi ?

– D'eux-mêmes, je suppose…

– Ce doit être très dur pour toi, le créateur généreux, fasciné par tout ce que peut inventer l'intelligence, de reconnaître qu'offrir ce pouvoir aux hommes était peut-être une erreur.

– Oui, ce n'est pas facile, mais à présent j'accepte l'idée de m'être trompé, ou du moins un peu trop précipité. Pourquoi me regardes-tu ainsi, Athéna ?

– Tu as tellement changé, Prométhée !

Un instant, Athéna voit la panique dans les yeux du Titan enchaîné.

– Serai-je quand même toujours ton ami, Athéna ?

– Oh oui ! Plus que jamais ! Je t'aimais dans la révolte, dans le courage d'affronter mon père et à présent les épreuves t'ont rendu modeste et je m'en réjouis ! Mais es-tu toujours aussi têtu ?

– Pardon ?

– Le secret que tu détiens, vas-tu le garder toujours ?

– Je vais y réfléchir.

– Autrefois tu aurais dit : « Je pense ce que je veux ! Je fais ce que je veux ! Aucun pouvoir ne me forcera à parler ! » Aujourd'hui, tu dis : « Je vais y réfléchir. » J'aime la façon dont tu dis cela, Prométhée. Peut-être cette simple phrase va-t-elle changer ton destin ?

– Comment serait-ce possible ?

– Mon père pense que le fils qui causera sa perte aura

pour mère une Immortelle. Tu comprends bien qu'il ne peut pas se permettre d'avaler toutes les déesses et toutes les nymphes qui seront enceintes de lui. Il attend depuis longtemps que tu lui dises ce secret…

Prométhée rit à la plaisanterie d'Athéna. Il pense aussitôt que c'est la première fois qu'il rit depuis qu'il est enchaîné.

– Que regardes-tu en bas, Athéna ?

– Je regarde la démarche ondulante de Pandore qui descend le sentier pour retourner auprès de son époux.

– Ah ? Elle ne s'est pas montrée, elle a dû voir que tu étais là.

– Pourquoi ce regard sombre, Prométhée ?

– Athéna, je sais que tu ne divulgueras pas mes paroles, je connais ta droiture. À toi seule je peux avouer ceci : en refusant de prendre Pandore pour femme, je pense que j'ai fait l'une des plus grandes erreurs de ma vie. Tu n'es pas surprise ?

– Non, tous les dieux de l'Olympe sont de cet avis. Vous auriez formé un couple superbe !

– Quand je pense que je l'ai refusée de peur que sa beauté, l'attirance que j'ai éprouvée aussitôt pour elle ne m'enchaînent !

– Ah ! Tu ris encore, c'est bien ! L'humour aussi est signe de sagesse.

– Athéna, je ne ris pas tous les jours.

– Oui, je sais, l'aigle qui te mange le foie…

– Non, il ne me mange pas le foie, il laisse ce soin à la folie des hommes. Toi qui es leur déesse préférée depuis que tu leur as donné l'olivier*, toi qui m'as aidé à les instruire, toi qui prends toujours leur défense, comment peux-tu continuer à aimer des créatures qui utilisent le feu et leur intelligence pour faire le mal, pour s'entretuer sans répit et qui parviendront même, si j'en crois les cauchemars dans lesquels me projette l'aigle, à détruire la terre ?

– Prométhée, l'aigle est chargé de te faire souffrir, il ne te montre que la face sombre de l'humanité.

– Oh, ça, j'ai appris que toute réalité avait d'innombrables facettes ! Mais peux-tu m'en montrer une qui puisse effacer le regret que j'ai d'avoir donné le feu à ces écervelés ?

– Sache que le feu que tu leur as offert et tous les savoirs et techniques qu'ils ont acquis grâce à toi vont plus souvent leur servir à progresser vers la justice, à guérir, à se rencontrer, à s'aimer, à s'entraider, à s'approcher de la sagesse qu'à s'étriper. Mais le bien et le mal, la raison et la folie galopent ensemble. La nature imparfaite de l'homme est emportée par cet attelage. Nous n'y pouvons rien. Au revoir, Prométhée.

Elle pose un instant sa main sur l'épaule de Prométhée, puis, en ajustant son casque, elle demande :

– Nous nous reverrons bientôt ?

– Je le souhaite. Merci, Athéna, tes paroles m'ont apaisé.

CHAPITRE 13
L'OFFRANDE DU CENTAURE

Athéna avait raison, la folie et la générosité des hommes se côtoient sans cesse. Dans ses cauchemars, Prométhée a appris maintenant à reconnaître l'aspect sombre et l'aspect lumineux de certains progrès humains. Au même instant, à quelques mètres les uns des autres, il peut voir ceux qui égorgent et ceux qui soignent, ceux qui affament et ceux qui nourrissent. Il voit aussi des hommes de toutes races agir ensemble pour sauver la terre, et la foule des femmes se lever pour la paix.

Zeus se serait-il trompé ? pense Prométhée. Et il rit. Il est fier des petits humains sans crocs ni griffes, fier de la flamme qu'ils portent en eux, de leur révolte, de leur courage. Il cesse de regretter son don, il cesse de se révolter contre la bêtise humaine et il pense qu'Espérance a fait du bon travail.

Et voici qu'il entend le pas lent d'un cheval. Il écoute attentivement. Le pas n'est pas égal. Le cheval ne pose pas son quatrième sabot aussi franchement que les autres. Ce cheval est blessé. Il y a aussi le pas régulier d'un homme qui marche près de l'animal.

– Héraclès* ! Si j'avais pu imaginer… Mais qui est à tes côtés ?

– Je suis venu avec Chiron le centaure*, mon maître vénéré.

Le grand centaure aux cheveux blancs, portant arc et carquois en bandoulière, s'avance en boitant.

– Chiron, je ne peux m'incliner, mais reçois mes salutations respectueuses. Pourquoi as-tu emprunté ces chemins caillouteux, toi qui souffres si terriblement de ta jambe ? Je ne savais pas qui venait vers moi, mais j'ai écouté ta souffrance tandis que tu montais, chaque pas me faisait mal.

– Eh bien, que devrais-je dire alors ? Mon cher Prométhée, tes paroles me soulagent. Je suis heureux d'être à tes côtés. Tu es bien, comme on me l'a dit, sur la voie de la sagesse et de la compassion. Mon bonheur est sans bornes, car je vais assister à ta libération et à la mienne.

– Que dis-tu ? Que dit-il, Héraclès ? Je ne comprends rien…

Héraclès se dresse et cache le soleil couchant.

– Si tu veux aujourd'hui me confier le nom de la femme que Zeus ne doit pas épouser, je te libérerai. Moi seul suis capable de rompre tes chaînes. Zeus m'a donné la permission de le faire.

– Oui, mais cela ne me dit pas pourquoi Chiron, le meilleur des centaures, le sage, l'enseignant des dieux et des héros, parle de sa libération.

Le vieux centaure au visage crispé par la douleur pose sur Prométhée un regard plein de douceur. Il dit de sa voix grave :

– Tu sais que, lors d'un combat contre les Lapithes, Héraclès, par mégarde, m'a piqué de sa flèche empoisonnée[1] ?

– Oui, je sais cela et je t'ai admiré de n'avoir pas eu de révolte ni de colère envers Héraclès. Je ne comprenais pas comment tu avais pu te maîtriser et pardonner…

– Et à présent ? Tu comprends ?

– Oui, il me semble…

– Depuis cet accident, mes souffrances sont atroces. Croismoi, je ne serais pas monté jusqu'en haut du

1. Après avoir vaincu l'Hydre de Lerne (c'est l'un de ses Travaux), Héraclès a plongé ses flèches dans le sang vénéneux du monstre.

Caucase si je n'avais pas été sûr d'y trouver la délivrance. Zeus a décidé que tes souffrances s'arrêteraient le jour où tu lui dévoilerais le nom de la femme qu'il ne doit pas approcher, mais il exige, pour que tu sois libre, qu'un Immortel descende de son plein gré au royaume d'Hadès à ta place. C'est ce que je vais faire aujourd'hui.

– Mais…

– Ne dis rien. Tu as assez souffert, j'ai déjà trop souffert. En acceptant mon don, tu me délivres d'un tourment sans remède. J'ai accompli ma tâche, je ne demande que le repos. Toi seul, si tu décides de livrer ton secret à Zeus, peux me délivrer.

Prométhée ferme un instant les yeux, puis :

– Approche-toi, Héraclès.

Prométhée est impressionné par la musculature d'Héraclès, mais aussi par la profondeur de son regard. Héraclès, dans l'aveuglement de la folie, a commis des crimes affreux, qu'il essaie de racheter en exécutant sans cesse des travaux surhumains[1].

Le fils de Zeus s'agenouille près de Prométhée. Le Titan lui glisse à l'oreille :

– Zeus ne doit pas approcher Thétis.

– Oh là là ! s'exclame Héraclès. En ce moment même, Zeus et Poséidon rivalisent d'astuces pour parvenir à

1. *Voir, dans la même collection,* Le Bûcher d'Héraclès.

séduire Thétis, la plus douce des Néréides[1].

– Eh bien, dit le centaure, qui a tout compris, nous ferons d'une pierre trois coups : Zeus ne séduira pas Thétis ; ainsi, il ne provoquera pas la colère de sa femme, Héra, qui se serait vengée à coup sûr sur cette gentille Néréide comme elle s'est vengée sur toi, Héraclès ; enfin, Poséidon et Zeus ne se battront pas. Ainsi, la paix régnera dans l'Olympe, provisoirement…

– Maître, voyez-vous ce qui fond sur nous du haut du ciel ?

– Oui, je vois, dit calmement le centaure.

Il tire de son carquois l'unique flèche d'or qui s'y trouve et vise posément le grand aigle rouge qui plane au-dessus d'eux. La flèche fend l'air en sifflant, la corde vibre encore tandis que l'aigle, touché au cœur, replie ses ailes, bascule et tombe en tourbillonnant dans le gouffre. Prométhée pousse un grand soupir. Héraclès est ému, il sait qu'il vient d'admirer, pour la dernière fois, l'adresse parfaite de Chiron.

– Maintenant, je vais briser tes chaînes, Prométhée.

– À mains nues ?

– Bien sûr. Je suis Héraclès, non ? N'ai-je pas déjà rompu à mains nues le cou d'un taureau et presque brisé celui de Cerbère, le chien de garde des portes des Enfers, sans compter tous les autres ?

1. Filles de Nérée, dieu de la Mer. Très nombreuses, elles représentent les vagues.

Disant cela, Héraclès glisse ses énormes bras sous les chaînes et les brise d'un coup sec, l'une après l'autre. Prométhée, étourdi, s'assied sur le rocher.

– Ne descends pas de ton rocher. Par ordre de Zeus, je dois encore accomplir une action.

– Quelle action, Héraclès ?

Le héros, de sa main puissante, arrache un anneau scellé dans le rocher. Un morceau de pierre reste attaché à l'anneau. Il resserre un peu l'anneau et le passe au doigt de Prométhée.

– Que fais-tu ?

Chiron répond à la place de son élève :

– Zeus avait dit que tu resterais sans fin accroché à ce rocher. Un dieu ne peut pas se dédire. Tu n'ôteras donc jamais cet anneau qui te rattache au rocher du Caucase. Mais tu vois, mon fils, combien il est léger à présent ? En le sentant à ton doigt, tu calmeras ta révolte, tu apprendras le détachement et tu apprendras aussi à t'attacher.

Prométhée a un mouvement de recul :

– À m'attacher ?

– Oui, t'attacher vraiment à des êtres, par amour, par amitié. Tu lutteras aussi contre les rochers que tu as dans le cœur, dans la tête. Cet anneau t'empêchera d'oublier que nous sommes tous liés. Tu ne décideras plus tout seul. Tu comprends ?

– Oui, je comprends.

Héraclès se tourne vers Chiron. Il porte sur son maître un regard plein d'admiration et de pitié. À voix basse, il lui dit :

– Chiron, mon maître, la nuit arrive, voici la première étoile il est temps.

Le centaure s'approche de Prométhée, pose sa main sur la tête du Titan.

– Je n'aurais pas fait le voyage si je n'avais été sûr que tu avais changé, Prométhée. J'abandonne ici mon immortalité et c'est comme si je te donnais mon âme, car depuis que tu as accepté ta souffrance, nous nous ressemblons. Je te lègue aussi mon don de guérison. Tu as compris beaucoup de choses durant ta captivité, mais je sais que, si tu es plus calme qu'autrefois, tu n'es pas amoindri, tu n'es pas résigné, tu gardes la liberté de ton esprit. Et tu en auras besoin, crois-moi. Je te fais confiance.

Disant cela, le centaure ferme les yeux et chancelle, ses jambes plient, mais, avant qu'il tombe à terre, il se transforme en une gerbe de lumière qui monte dans le ciel sombre. Héraclès et Prométhée, la gorge serrée, regardent monter le bouquet d'étoiles qu'est devenu Chiron. Enfin, son voyage céleste prend fin et Héraclès pointe son doigt vers les nouvelles étoiles disposées dans le ciel.

– Regarde, Prométhée, Chiron ne souffre plus, mais il est quand même immortel. Jusqu'à la fin des temps il sera là, notre archer. Il forme la constellation du Sagittaire.

CHAPITRE 14
PROMÉTHÉE VEILLE SUR LES HOMMES

Prométhée, délivré, est revenu dans l'Olympe. Il a épousé la douce Pronoïa (la Providence), qui lui a donné un fils : Deucalion. Pandore et Épiméthée, de leur côté, ont eu une fille : Pyrrha.

Les deux jeunes gens sont amoureux l'un de l'autre depuis leur enfance. Aujourd'hui, ils se marient.

Pyrrha est conduite au mariage par son père. Sa mère, Pandore, vient de mourir. Épiméthée tient sa fille par la main. Elle est vêtue d'une tunique blanche, son visage est caché sous un voile blanc. Elle porte le diadème d'Héphaïstos dont les déesses avaient ceint le front de Pandore avant de la présenter à Prométhée. Devant eux, le porteur du flambeau nuptial marche lentement. Prométhée et Pronoïa entourent leur fils, Deucalion. Épiméthée s'arrête devant eux et, relevant le voile de Pyrrha, prononce la formule sacramentelle par laquelle il déclare détacher sa fille du foyer paternel et la donner à celui de son mari.

Prométhée n'entend plus les paroles de son frère, il regarde Pyrrha. Il ne l'avait jamais vue que comme une adolescente rieuse, qui courait avec son fils dans les forêts, griffée par les broussailles, maculée de boue. Aujourd'hui, sa gravité, son chagrin récent ajoutent à sa beauté. « Comme elle ressemble à sa mère ! » pense-t-il douloureusement. Mais les cheveux de Pyrrha sont d'un roux flamboyant. Prométhée, perdu dans ses pensées, fait tourner son anneau autour de son doigt. C'est un geste qu'il fait sans cesse.

Pronoïa lui donne un coup de coude. Il sursaute. Il saisit une coupe d'argent remplie de nectar et dit :

– Amis, vous tous qui vous réjouissez de ce mariage, je vous invite à présent au banquet.

Un air joyeux, soufflé par une multitude de flûtes invisibles, s'élève. Épiméthée a offert un bœuf en sacrifice à Zeus. Presque tous les habitants de l'Olympe sont là, sauf Zeus, dont la place d'honneur reste vide.

Athéna est placée près de Prométhée. Il se penche vers elle :

– Sais-tu pourquoi Zeus n'est pas venu ? Il m'en veut toujours ?

– Non, il est plutôt soulagé que tu l'aies averti *in extremis* du danger qu'il courait à poursuivre Thétis. Il ne veut pas sortir, parce qu'il est furieux.

– Furieux contre qui ? Contre une nymphe ou une femme qui refuse ses avances ?

– Non, il est furieux contre les hommes. Tu n'es pas au courant ? Tu n'entends pas son tonnerre qui roule sans arrêt ?

– Je deviens un peu sourd, ou bien je n'y fais plus attention…

– Tu ne sens pas cette odeur de soufre, cette électricité partout dans l'air ?

– Et pourquoi une telle colère contre les hommes ?

– Tu sais que les maux qui se sont échappés de la boîte de Pandore ne les ont pas rendus meilleurs, tes petits préférés ?

– Ah bon ?

– Figure-toi que Zeus est allé incognito sur la terre pour voir comment tes protégés se comportaient et qu'il est revenu de son voyage complètement révulsé.

– Que s'est-il passé ?

Les yeux d'Athéna se sont assombris.

– Je ne sais pas si un banquet de mariage est bien

l'endroit où raconter ce genre de chose.

– Parle, Athéna, je t'en prie.

Thémis, la déesse de la Justice, a écouté leur conversation. Devant le silence d'Athéna, elle prend la parole :

– Zeus s'est présenté comme simple voyageur chez Lycaon, le roi d'Arcadie.

– Celui qui était chargé d'élever Arcas, le fils que Zeus a eu avec Callisto ?

– Oui, lui-même. Et tu sais ce que Lycaon a offert comme festin à Zeus ?

– Non.

– Mais dans quel monde vis-tu, Prométhée, pour ignorer cela ?

Prométhée ne répond pas. La mort de Pandore l'a plongé dans une douleur telle qu'il est resté à l'écart de tout. Thémis continue :

– Lycaon lui a fait servir une soupe dans laquelle se mêlaient la viande de mouton et les restes d'Arcas.

– Que dis-tu là ? C'est impossible !

– Si, c'est possible. Zeus est entré dans une rage folle, il a ressuscité son fils, a changé Lycaon en loup et a foudroyé toute sa descendance.

Athéna s'écrie :

– Alors, bienfaiteur de l'humanité, tu vois ce qu'ils sont devenus, tes petits hommes sans défense ? Des cannibales !

– Je n'arrive pas à le croire !

– Prométhée, crois-moi, ce ne sont pas des outils et des techniques pour transformer la nature et dominer les autres animaux que tu aurais dû donner aux hommes, mais le pouvoir de se maîtriser et de se transformer eux-mêmes !

Thémis, apaisante, reprend :

– Les hommes sont devenus très pervers, tu sais, très experts en horreurs et en crimes, mais ça ne va pas durer…

– Pourquoi dis-tu cela ?

– Tu entends maintenant gronder le tonnerre ?

– Oui.

– Cela signifie qu'en bas il pleut, il pleut très fort, et Zeus ne se calmera que lorsque la terre aura disparu sous les flots.

– Tu veux dire qu'il a décidé de noyer tous les hommes ?

– Oui, cette fois-ci, il en a vraiment assez, et déclencher un déluge est une idée qui lui trotte dans la tête depuis longtemps.

Prométhée se lève brusquement.

– Où sont Pyrrha et Deucalion ?

– Ils sont partis par là. Ils s'apprêtent à retourner sur la terre. Tu sais bien qu'ils ne peuvent demeurer dans l'Olympe, répond Épiméthée.

Prométhée regarde son frère qui vide sa coupe, réjoui, et pense qu'il restera toujours « celui qui réfléchit trop tard ». Il quitte la table brusquement en renversant quelques plats et court à la recherche des jeunes mariés. Ils ne sont pas très loin. Enlacés sur le chemin, ils se murmurent des mots divins.

– Mes enfants !

Les amoureux sursautent.

– Heureusement, vous n'êtes pas encore partis !

– Qu'y a-t-il ? Pourquoi as-tu couru ?

– Zeus a décidé qu'un déluge anéantirait la race humaine ! Je viens de l'apprendre.

– Nous allons donc périr ? demandent-ils, affolés.

– Non, mes enfants, il faudra des jours et des jours avant que la terre soit recouverte par les eaux. Vous vous installerez au sommet du Parnasse, qui est une très haute montagne. Vous y trouverez une grotte dans laquelle vous vous abriterez et, avec les instruments que voici, vous couperez des troncs d'arbre, vous les assemblerez à l'aide de chevilles de bois et vous construirez un bateau. Toi, mon fils, qui as toujours aimé la mer, tu montreras de quoi tu es capable. En attendant que l'eau vienne soulever votre navire, faites des provisions de toutes sortes. Tannez des peaux. Toi, Pyrrha, tu tisseras des toiles comme ta mère te l'a appris. Ne perdez pas de temps, séchez des viandes et des fruits, moulez des poteries. Emportez le feu dans un pot de terre, alimentez-le sans jamais le laisser s'éteindre. Je vous fais confiance.

– Et les hommes, père ?

– Ne pensez à eux que lorsque vous serez sauvés du déluge. Pensez aussi à remercier Thémis, car c'est grâce à elle que vous aurez la vie sauve.

Prométhée serre dans ses bras les deux jeunes gens et s'en retourne au banquet.

– Où étais-tu ? demande Épiméthée, d'une voix pâteuse.

– Je suis allé souhaiter bonne chance à nos deux amoureux.

– Finalement, ce que tu prédisais est arrivé beaucoup plus vite que je l'aurais cru. Nos enfants n'ont plus rien des Titans. Ce sont des mortels.

– Cela t'inquiète ?

– Oui. Comment, dans le temps limité de leur vie, sauront-ils trouver le bonheur ?

– Tu te poses trop de questions, Épiméthée.

Prométhée, caché, observe de loin, jour après jour, le jeune couple, décidé à n'intervenir en aucun cas.

Pyrrha la rouge et Deucalion le marin font ce qu'il leur a conseillé. Bientôt, la terre disparaît sous les eaux. Ils flottent dans leur bateau, des jours et des jours, sans souffrir de la faim ni du froid. Prométhée entend parfois s'élever au-dessus des flots la voix de Pyrrha. Elle chante des chants que Pandore fredonnait autrefois tandis qu'il se tordait inutilement sur son rocher. Pandore chantait pour l'apaiser ; à présent, c'est son fils, Deucalion, qui perd patience et qui est bercé par les chants de sa femme.

L'eau se retire enfin. Ils accostent sur la terre déserte. Ils marchent dans la boue, accablés par le silence. Le soir venu, tous deux pensent : « Les hommes manquent. »

– Deucalion, tu te souviens des paroles de Prométhée ?

– Oui, nous devons remercier Thémis.

– Faisons un autel pour la déesse de la Justice et brûlons un peu de viande pour elle avec le bois sec qui nous reste. Appelons-la, nous sommes si seuls !

Thémis ne reste pas insensible à leurs appels. Touchée par le courage et le désarroi du jeune couple, elle accourt.

– Thémis, nous te remercions de nous avoir sauvés du déluge !

– Oh, je n'ai pas tant fait ! J'ai simplement informé Prométhée. Y a-t-il quelque chose que je puisse faire pour vous ?

– La terre sans les hommes est tellement triste ! Pourrais-tu nous indiquer comment créer une nouvelle race d'humains ?

– Ha ha ! Quelle bonne idée ! Je vois d'ici la tête de Zeus quand il les verra de nouveau grouiller sur la terre ! Je m'en réjouis à l'avance !

– Comment faire ?

– C'est très simple, vous prendrez les os de votre mère et les jetterez par-dessus vos épaules. En tombant à terre, ils se changeront en humains.

Disant cela, Thémis disparaît.

Pyrrha est horrifiée.

– Les os de ma mère ? Mais je ne sais même plus où ils sont sur cette terre complètement transformée par le déluge, et puis, non ! jamais je ne profanerai le tombeau de ma mère. Jamais !

Découragés, Pyrrha et Deucalion errent plusieurs jours sur la terre humide. Soudain, Deucalion, qui faisait sauter une pierre dans sa main en regardant Pyrrha peigner ses cheveux de feu, s'arrête.

– Pyrrha ! J'ai compris ce qu'a dit Thémis. Elle a dit : les os de « notre » mère, pas de « ta » mère.

– Eh bien ?

– Eh bien, regarde…

Il lance la pierre derrière son épaule et à peine a-t-elle touché le sol qu'elle se transforme en un bel adolescent.

Pyrrha saisit aussitôt une pierre, qu'elle lance derrière son épaule. En touchant la terre, elle se transforme en une jeune fille.

– Notre mère ! Notre mère à tous : la Terre, Gaïa ! Ses os sont les pierres !

Prométhée, assis sur un versant de l'Olympe, rit aux larmes en les voyant crier et danser tous les deux en lançant des pierres et des pierres.

Au bout de quelques jours, épuisés, les jeunes gens prient Thémis. Elle revient. Ils ne lui posent qu'une seule question.

Au retour de la déesse sur l'Olympe, Prométhée l'attend.

– Que t'ont-ils demandé ?

– Ah ah ! Tu nous espionnes ?

– Non, mais j'aimerais savoir si mes suppositions sont justes…

– Alors, à ton avis, quelle question m'ont-ils posée ?

– Ils ont voulu savoir si cette nouvelle race d'humains se montrera meilleure que la précédente, n'est-ce pas ?

– Oui. J'avoue, Prométhée, que ta perspicacité me stupéfie.

– Et que leur as-tu répondu ?

– Tu ne l'as pas deviné ?

– Non, Thémis, prévoir les questions est plus simple que connaître les réponses.

– Eh bien, je leur ai dit : Je ne vous mentirai pas, les mortels seront toujours aussi misérables et méchants, mais comme j'ai présidé à leur naissance, génération après génération ils aspireront à la justice. Aspirant à la justice, ils pourront, s'ils le veulent, devenir meilleurs.

Prométhée a un sourire énigmatique. Il hoche la tête et ne dit rien.

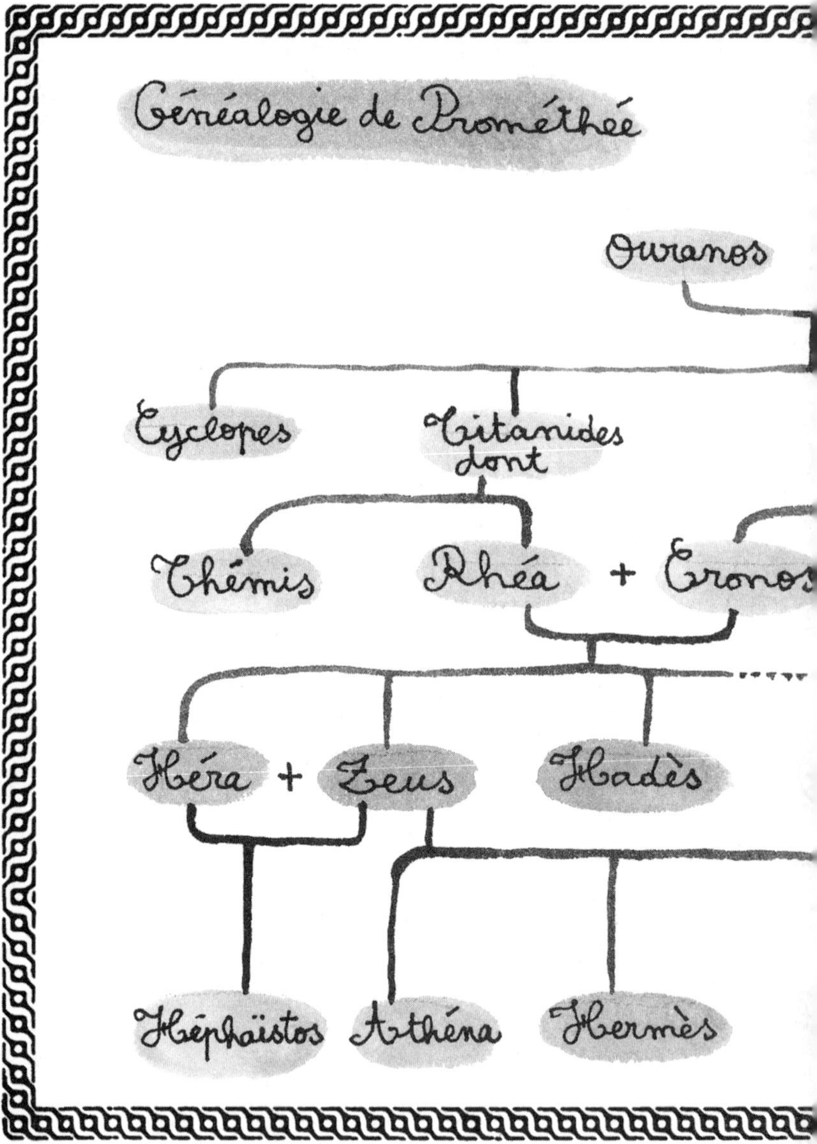
Généalogie de Prométhée
Ouranos
Cyclopes
Titanides dont
Thémis
Rhéa
+
Cronos
Héra
+
Zeus
Hadès
Héphaïstos
Athéna
Hermès

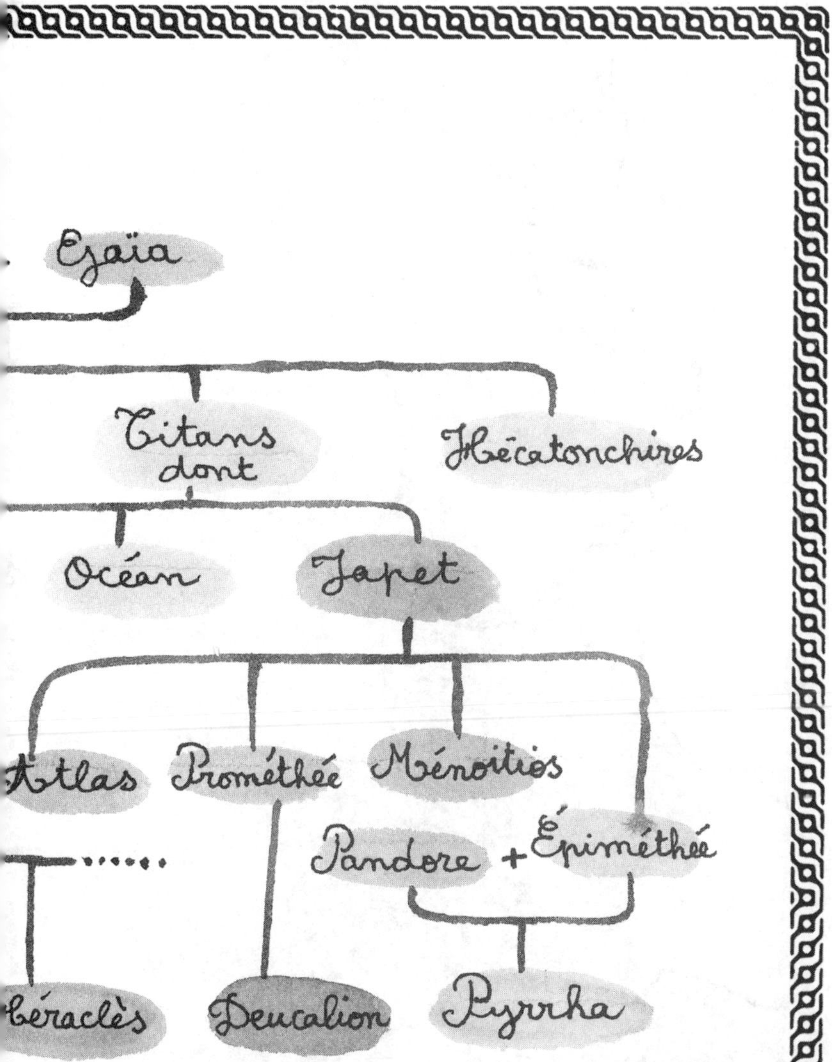
Gaïa
Titans
dont
Hécatonchires
Océan
Japet
Atlas
Prométhée
Ménoitios
Pandore
+
Épiméthée
éraclès
Deucalion
Pyrrha

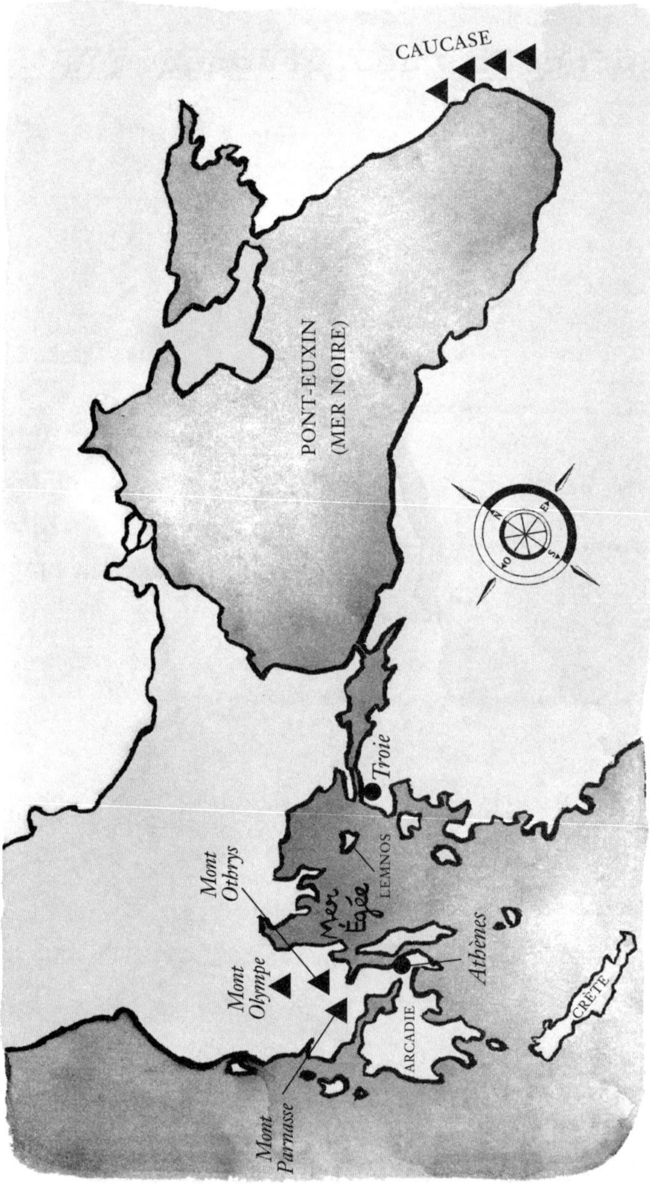

- Le monde de Prométhée -

POUR MIEUX CONNAÎTRE PROMÉTHÉE

L'ORIGINE DE PROMÉTHÉE

Le personnage de Prométhée a une très ancienne **origine légendaire**. De naissance divine (il est fils du Titan Japet, donc petit-fils de Gaïa, la Terre), il joue un rôle de premier plan dans les légendes grecques qui retracent la naissance et les premiers pas du Monde et de l'Humanité – tels que les comprenaient les Grecs anciens. Son nom, tout à fait grec, indique clairement qui il est : le Prévoyant, le Prudent. Épiméthée, son frère, est aussi son contraire : celui qui réfléchit après coup...

Prométhée apparaît dès les premières œuvres de la **littérature grecque ancienne**, dans des ouvrages majeurs.

Prométhée épique...

Prométhée intervient dans deux œuvres d'Hésiode (VIIIe-VIIe s. av. J.-C.). La ***Théogonie*** (*Naissance des dieux*) est une épopée* qui retrace la création et l'histoire mouvementée des dieux et des premiers hommes ; c'est donc tout naturellement que Prométhée y occupe une place importante. Hésiode dépeint les deux épisodes de sa lutte contre Zeus pour les hommes (le premier sacrifice et le vol du feu), ainsi que son châtiment, qui prend fin grâce à l'intervention d'Héraclès.

La mention de Prométhée dans la seconde œuvre est moins prévisible, car ***Les Travaux et les Jours*** est un poème *didactique* (destiné à transmettre un savoir, ici le savoir du paysan). Mais la première partie est moralisatrice, et le poète cite Prométhée à propos de Pandore. À travers elle, et le châtiment que les femmes représentent pour les hommes – Hésiode pense beaucoup de mal des femmes : c'est un grand *misogyne* ! –, il cherche à démontrer qu'il ne faut pas aller à l'encontre de la volonté divine : le risque est trop grand !

... tragique...

La légende de Prométhée a ensuite été traitée par le premier (chronologiquement) des trois grands tragiques grecs : Eschyle (525-456 av. J.-C.) – les autres étant Sophocle et Euripide. Cet auteur a écrit une trilogie (ensemble de trois œuvres, ici des tragédies*) sur Prométhée, dont seule subsiste intégralement la première, ***Prométhée enchaîné***, qui montre le héros mené sur le Caucase, résistant avec une grande fermeté à un Zeus tyrannique et ingrat, qui se manifeste à travers ses envoyés (Cratos, la Domination, et Bia, la Force, puis Hermès). C'est là qu'il explique quel soutien il a été pour Zeus pendant la guerre entre Titans et Olympiens, et tout ce qu'il a apporté aux hommes – héros civilisateur typique.

On peut remarquer que dans cette tragédie Eschyle fait de Prométhée le fils de Gaïa (ou de Thémis : le texte n'est pas clair sur ce point) : est-ce de là que vient ce nom de Titan qu'on lui donne souvent ? Hésiode, lui, en fait le fils d'une Océanide, et le nomme « fils de Japet » : à l'origine, les Titans et Titanides sont exclusivement les descendants directs d'Ouranos et de Gaïa. Mais peut-être y avait-il, déjà, une double version de la naissance de Prométhée. C'est grâce à cette naissance que Prométhée détient le secret dont il menace Zeus : il a hérité directement de sa mère, Gaïa ou Thémis, la faculté de connaître l'avenir.

Les deux autres tragédies présentaient sans doute, l'une (***Prométhée délivré***, dont il reste quelques fragments), le supplice de l'aigle et sa fin (avec l'intervention d'Héraclès et de Chiron), ainsi que la réconciliation de Zeus et du Titan ; et l'autre (***Prométhée porte-feu***, dont il ne reste que le titre), l'introduction à Athènes du culte de Prométhée. En effet, à cette époque, Prométhée est vénéré en Attique (région d'Athènes) par les artisans potiers (qui façonnent la terre, comme Prométhée l'aurait fait pour créer l'homme).

... et philosophique

Platon (428-347 av. J.-C.), l'un des plus grands philosophes de l'Antiquité, s'oppose à la croyance populaire selon laquelle c'est Prométhée qui aurait façonné l'être humain. Dans le dialogue du ***Protagoras***, ce sont les dieux qui façonnent avec de la glaise l'homme et les autres animaux ; c'est Épiméthée qui se charge de distribuer leurs attributs à tous ; et c'est enfin Prométhée qui intervient pour sauver les êtres humains, particulièrement démunis. Il vole à leur intention le feu, les arts et les techniques, jusque-là détenus exclusivement par Héphaïstos et Athéna. C'est parce qu'ils possèdent des qualités divines que les hommes peuvent honorer les dieux et accéder au langage.

En dehors des œuvres ci-dessus, il est beaucoup de récits ou de poèmes grecs qui citent Prométhée : impossible de les rappeler tous. D'ailleurs, ils n'apportent guère de nouvelle information sur le personnage.

LES VOYAGES DE PROMÉTHÉE À TRAVERS LES ARTS

LITTÉRATURE

Antiquité romaine

Cette période est d'autant plus importante que c'est à travers elle que les anciens Grecs ont transmis leurs mythes à l'Europe d'aujourd'hui. C'est donc le Prométhée tel que l'ont compris les Romains qui est l'ancêtre des premières images modernes du personnage.

Le poète Ovide (43 av. J.-C.-17 ap. J.-C.) a joué un rôle primordial dans cette transmission. Dans son œuvre majeure, les ***Métamorphoses***, il a rassemblé de nombreuses légendes grecques, qu'il raconte avec beaucoup de légèreté et de grâce. Or dans le premier livre de ces *Métamorphoses*, il dépeint les débuts de l'univers, la naissance des dieux et des hommes. Selon sa version c'est Prométhée lui-même qui façonne la statue de l'homme « à l'image des dieux [...] le visage tourné vers le ciel ». Après le déluge envoyé par Zeus, la création d'une nouvelle race humaine est assurée par Deucalion et Pyrrha.

Plus tard, les écrivains chrétiens Tertullien (Ier-IIe s.) et saint Augustin (IVe-Ve s.) font de Prométhée la préfiguration du Christ, crucifié et révolté contre les « faux dieux », se sacrifiant pour sauver l'humanité. C'est l'image que garde de lui le monde chrétien du Moyen Âge.

Les Temps modernes en Europe

Prométhée a été peu traité ou mis en scène avant le XVIIIe s. Mais à partir de là, c'est une figure souvent reprise et interprétée. Nous ne retiendrons que les œuvres les plus marquantes.

Théâtre

- ***La Statue de Prométhée*** (1669), de P. Calderon de la Barca, où c'est Prométhée qui crée Pandora ;
- ***Prométhée*** (1773, inachevé) et ***Pandora*** (1807-1808), de J. W. Goethe ;
- ***Prométhée délivré*** (1820), de P. B. Shelley ;
- ***Prométhée*** (1969), de H. Müller.

Poésie

- ***Ode à Napoléon Bonaparte*** (1814), où Prométhée est donné en exemple à l'empereur déchu, et ***Prométhée*** (1816), de G. Byron (Angleterre).

Prose

- ***Généalogie des dieux*** (1373), de G. Boccace ;
- ***Discours sur les sciences et les arts*** (1750), essai philosophique de J.-J. Rousseau ;
- ***Frankenstein ou le Prométhée moderne*** (1818), roman de M. Shelley (Angleterre) ;
- ***Le Voyage en Orient*** (1851), où l'histoire d'Adoniram est une réécriture de celle de Prométhée, et ***Pandora*** (1854), nouvelle de G. de Nerval ;
- ***Prométhée mal enchaîné*** (1899), « sotie » d'A. Gide ;
- « **Prométhée aux Enfers** » (1946), essai, dans *L'Été*, d'A. Camus.

MUSIQUE

Avec le romantisme, Prométhée devient un thème d'inspiration fréquent, et ce jusqu'au début du XXe s.

- ***Prométhée*** (1801), ouverture et ballet de L. van Beethoven ;
- ***Prométhée*** (1850), poème symphonique de F. Liszt ;
- ***Les Noces de Prométhée*** (1867), cantate de C. Saint-Saëns ;
- ***Prométhée*** (1900), tragédie lyrique de G. Fauré sur un livret de J. Lorrain ;
- ***Prométhée ou le Poème du feu*** (1913), poème symphonique d'A. Scriabine ;
- ***Prométhée*** (1946), musique de scène d'A. Honegger pour le *Prométhée* d'Eschyle.

ARTS PLASTIQUES

Depuis le VIIe s. av. J.-C. jusqu'à nos jours, l'histoire de Prométhée a inspiré des artistes, peintres ou sculpteurs, avec une interruption nette au Moyen Âge. Toutefois, les thèmes choisis ont varié suivant la façon dont chaque époque interprétait le héros. Selon aussi qu'il s'agissait de mettre en valeur la force et la puissance du Titan (et d'Héraclès quand les œuvres réunissaient les deux), et/ou de susciter de fortes émotions : admiration devant le créateur des hommes ou leur bienfaiteur, pitié ou indignation à la vue du supplicié.

- ***Prométhée et Héraclès***, coupe grecque (Ve s. av. J.-C.) ;
- ***Prométhée crée le premier homme***, relief d'un sarcophage romain (IIIe s.) ;
- ***Supplice de Prométhée*** (ou de Tityos), de Titien (1488-1576) ;
- ***Prométhée enchaîné***, de P. Rubens (1577-1640) ;
- ***Prométhée*** et ***Prométhée foudroyé***, de G. Moreau (1826-1898) ;
- ***Prométhée enchaîné***, de F. Kupka (1871-1957) ;
- ***Prométhée*** et ***La Fuite de Prométhée alors qu'il vient de ravir le feu du ciel***, statues d'O. Zadkine (1890-1967).

LES FIGURES DE PROMÉTHÉE

Nous venons de le voir, Prométhée a été un sujet exploité par nombre d'artistes, de façon très différente suivant les facettes du personnage qui les intéressaient.

L'allié de Zeus

Prométhée est le seul avec Styx l'Océanide à abandonner le camp de son père, celui des Titans, dieux très forts mais encore proches des forces naturelles, peu « civilisés ». Or, alors que Styx amène avec elle le Pouvoir et la Force, très primitifs eux aussi, Prométhée apporte la prévoyance qui le caractérise, donc la réflexion. On peut considérer qu'il a choisi le camp où se dessine un progrès vers ce qui deviendra la civilisation.

▣ Le défenseur des hommes

Son parti pris d'aider les hommes contre Zeus ne fait que confirmer ce que nous avions appris de lui : Prométhée n'obéit qu'à lui-même, il refuse tout maître, que ce soit son père ou son roi. Quant aux raisons de ce choix, elles sont multiples : soit l'homme attendrit le Titan du fait de sa faiblesse, soit il le fascine par la lueur d'intelligence qui le distingue des animaux ; soit enfin Prométhée se décide arbitrairement. Il serait alors un révolté de nature, un rebelle.

Ce qui est toujours vrai, c'est sa détermination et sa constance après avoir fait son choix, le courage qu'il manifeste en acceptant tous les risques liés à sa décision, et son propre sacrifice. Certains prendront ces qualités en bonne part (persévérance et volonté), pour d'autres au contraire il s'agira d'orgueil et d'obstination.

▣ Le créateur de l'humanité civilisée

Les trois interventions majeures de Prométhée vont toutes dans le même sens. La station debout, le feu et le sacrifice, acte majeur de la religion grecque, sont trois étapes vers la civilisation telle que la concevaient les Grecs. Les deux premières, en éloignant l'homme de l'animalité, le rapprochent des dieux, mais la troisième l'en sépare définitivement, ce qui est caractéristique de cette religion. Faire de Prométhée celui qui modèle la première statue humaine, c'est simplement « mettre les points sur les *i* », énoncer plus clairement ce qui se comprend déjà très bien à travers ses interventions. De la même façon, insister sur ses différents enseignements auprès de l'humanité n'ajoute guère au personnage : sur le plan symbolique, le feu représente les arts et les techniques, puisqu'il est l'apanage d'Héphaïstos, forgeron et joailler divin.

Le supplicié

Dans l'imaginaire commun, Prométhée est inséparable de son bourreau, l'aigle qui lui dévore le foie. On peut faire bien des remarques à ce propos, et en particulier sur le sens originel de ces éléments.

Tout d'abord, l'aigle est l'animal qui relie la terre au ciel : animal de Zeus – dieu du Ciel et de la Foudre –, donc susceptible d'apporter aux hommes le feu du ciel. Certains (S. Reinach, 1907) n'hésitent pas à dire que dans un état précédent de la légende, ou dans une légende rivale, c'est l'aigle qui remplissait la fonction de Prométhée voleur de feu. Par la suite, pour intégrer l'aigle à la dernière version du mythe, le seul « rôle » qui restait disponible était celui de bourreau...

Par ailleurs, nous savons aujourd'hui que le foie est le seul organe humain capable de se régénérer naturellement quand il est lésé. Les Anciens le savaient-ils déjà quand ils parlaient du foie « chaque jour renaissant » ?

Mythe de Pandore

L'homme une fois créé, il était bien naturel de créer la

femme. Pandore, comme Prométhée, suscite de nombreuses interprétations, suivant la plus ou moins grande misogynie (ou l'absence de misogynie) de chaque artiste ou savant. Certains (P. Calderon) vont jusqu'à faire d'elle la créature de Prométhée, lequel ne peut évidemment qu'en tomber amoureux. Mais l'état le plus courant de la légende admet que c'est Épiméthée qui l'a épousée. On est fort tenté alors de penser qu'Épiméthée et Prométhée sont deux faces du même être, peut-être les deux faces de l'être humain en général : le premier se fie à sa réflexion uniquement, alors que le second suit ses penchants, s'abandonne à son émotivité. L'homme est alternativement l'un ou l'autre.

Quant à décider lequel a tort, lequel a raison, les avis diffèrent...

Remarquons encore la concordance entre le mythe de Pandore, première femme par qui le malheur arrive aux hommes, et ce que la Bible raconte d'Ève et du paradis. Les deux personnages sont responsables du malheur des hommes sur terre. Mais le mythe grec accorde à Pandore de leur avoir aussi donné l'espérance : interprétation plus... douce du rôle des femmes chez les Grecs que dans les civilisations de la Bible !

LE MYTHE DE PROMÉTHÉE, ENTRE DIEU ET HOMMES

Nous l'avons vu, Prométhée, après s'être manifesté de diverses façons, après avoir trouvé différentes significations, existe encore de nos jours, et de façon vivante. On peut à juste titre parler à son propos de **mythe**. C'est que ce personnage revêt une grande importance aux yeux des hommes.

Dans sa lutte contre Zeus, Prométhée est d'abord un personnage religieux.

Si les chrétiens de l'Antiquité ont fait de lui la préfiguration du Christ révolté contre les « faux dieux », les écrivains des Lumières (XVIIIe s.) verront en Prométhée celui qui se rebelle contre le pouvoir écrasant et injuste de toute religion.

En modelant la première statue humaine, pour imiter Zeus ou même pour s'opposer à lui, Prométhée proclame le génie de l'homme, de l'artiste surtout, égal aux dieux.

Prométhée est aussi le champion des hommes (c'est-à-dire leur représentant et leur défenseur) contre le roi des dieux. Cette opposition devient particulièrement féconde dans les périodes marquées par des explosions politiques ou intellectuelles (le XIXe s., par exemple, époque du romantisme et des révolutions). En effet, Prométhée devient alors symbole de la révolte et du rejet de l'ordre établi.

Le plus souvent, il incarne l'intelligence humaine, à l'opposé d'Épiméthée. Mais il est aussi, exceptionnellement (*Pandora*, de Goethe), en tant que porteur du feu, le symbole de l'homme d'action, celui qui met en pratique les grandes idées. Au contraire d'un Épiméthée qui devient un doux rêveur, à l'esprit un peu fumeux.

Mais Prométhée n'est pas seulement un héros positif. D'abord, il connaît aussi la souffrance et la torture. Par sa faute disent les auteurs qui montrent en Prométhée l'orgueilleux qui ne sait pas accepter sa condition et cause son propre malheur. Ou bien qui, en voulant égaler les dieux (ou Dieu), ne provoque que des catastrophes. C'est l'image que reprend Mary Shelley avec *Frankenstein.*

Prométhée cause aussi le malheur des autres hommes : inventeur des techniques, il est responsable des sciences, qui, selon Rousseau, ont fait perdre aux humains leur bonté originelle.

Ses tortures sont parfois, dans une poésie affadie, l'image des souffrances infligées au poète par l'aimée...

Enfin, pour Gide, l'aigle est l'animal familier de l'homme-Prométhée, le symbole de sa conscience qui croît en même temps que l'homme dépérit. Ce n'est qu'en tuant et mangeant son aigle que Prométhée retrouve la sérénité ! On est bien loin de l'image glorieuse des romantiques...

Chacune de ces interprétations trouve ses racines dans les lectures différentes du même mythe. C'est bien la preuve de sa richesse et de sa profondeur ! •

Lexique

Achille : fils du roi Pélée et de la déesse Thétis. Sa mère réussit à le rendre invulnérable, sauf au talon. Prévenu par un oracle dans sa jeunesse qu'il avait le choix entre une vie glorieuse mais brève, ou une vie longue mais quelconque et anonyme, il préféra la gloire et fut le plus grand des combattants grecs sous les murs de Troie… mais il y mourut.

Aphrodite : née d'Ouranos et de l'écume de la mer, c'est l'une des plus anciennes divinités, déesse de la Beauté et de l'Amour. Mariée à Héphaïstos, le dieu forgeron boiteux, elle le trompe continuellement.

Apollon : fils de Zeus, dieu à l'arc souvent associé à Phœbos ou Hélios, dieux du Soleil. Dieu de la Musique et des Arts (il joue de la lyre et mène le chœur des Muses), dieu de la Divination (on vient le consulter dans de nombreux sanctuaires, le principal étant à Delphes), il se sert de son arc pour envoyer la mort (souvent sous forme d'épidémie). En même temps, c'est un dieu guérisseur.

Centaures : êtres monstrueux, au corps de cheval et au buste humain. Vivant à l'écart des hommes, ils sont généralement sauvages et violents. Seuls deux centaures échappent à cette règle, dont **Chiron**, qui est au contraire un être extrêmement civilisé, et immortel. Ses différents talents (archer et guérisseur surtout) en font un précepteur parfait. C'est lui qui élève les héros Achille et Jason, ainsi qu'Asclépios (fils d'Apollon). Apollon lui-même aurait bénéficié de ses leçons.

Cyclopes : êtres gigantesques et monstrueux, qui possèdent un œil unique, placé au milieu du front. On en connaît plusieurs : les enfants d'Ouranos et de Gaïa ; ceux qui travaillent avec Héphaïstos dans sa forge, peut-être différents des premiers ; et enfin Polyphème, fils de Poséidon et dévoreur de chair crue, qu'Ulysse rencontre au cours de son long voyage de retour de la guerre de Troie.

Épopée : très long poème qui retrace les aventures de héros aux qualités surhumaines (les *Superman* de l'époque), confrontés à des adversaires et à des dangers tout aussi inouïs. Ces poèmes, avant d'être fixés par l'écriture, étaient récités lors des fêtes, des cérémonies…

Gaïa : la Terre, premier élément à émerger du Chaos initial. Elle crée seule Ouranos, le Ciel, Pontos, le Flot marin, et les Montagnes. Puis en s'accouplant avec Ouranos et Pontos, elle donne naissance à la deuxième grande génération divine et permet l'accession au pouvoir de Cronos, le plus jeune de ses fils. En dehors des Titans, elle engendre plutôt des êtres monstrueux. Mère universelle, elle sait tout de tout temps et peut donc prophétiser ; elle transmet ce don à Thémis, puis à Apollon.

Héraclès : le plus grand héros grec, fils de Zeus et d'une mortelle, Alcmène. Il est célèbre pour ses « Travaux », qui l'ont conduit du Péloponnèse, où il est né, jusqu'aux confins du monde connu, et même jusqu'aux Enfers. Les dieux le reçoivent après sa mort sur l'Olympe, reconnaissant ainsi ses exploits, ses vertus et les souffrances qu'il a endurées.

Hermès : fils de Zeus et de Maïa, coiffé d'un casque (ou d'un chapeau) et chaussé de sandales ailées, il est le messager des dieux, de Zeus particulièrement. Il est aussi dieu protecteur des voyageurs, des commerçants et… des voleurs. Enfin, c'est lui qui est chargé d'accompagner les morts au royaume d'Hadès.

Océanos : un des Titans qui ne se range pas dans le camp de Cronos. Il représente pour les anciens Grecs le fleuve qui, selon eux, encerclait complètement la Terre (plate et circulaire, toujours selon eux).

Olivier : arbre de grande valeur, caractéristique des régions méditerranéennes. Il fournissait son bois, son feuillage, et ses fruits surtout, dont les Grecs tiraient l'huile si précieuse pour eux (utilisée en alimentation comme en cosmétique). Pour remercier Athéna de ce don, les Athéniens firent d'elle la patronne de leur cité.

Olympe : le plus haut mont de Grèce (2 917 m), au sommet souvent caché par les nuages. C'est là que résident les dieux de la dernière génération, dont le roi – Zeus – a imposé à l'univers son ordre actuel.

Les **Olympiens** sont d'abord Zeus, fils de Cronos et de Rhéa, ses frères Poséidon et Hadès, ses sœurs Hestia, Déméter et Héra (qui est aussi son épouse), et ses enfants Apollon, Artémis, Athéna, Héphaïstos et Hermès ; enfin Aphrodite, née d'Ouranos et de la Mer.

Sacrifice [sanglant] : le sacrifice fait par Prométhée est le modèle du sacrifice grec. Il témoigne de la séparation absolue, typiquement grecque, entre l'aire du divin et celle des humains. L'animal, une fois égorgé, dépecé et découpé, est partagé entre les dieux et les hommes (qui mangeront la viande). Avant cela, un prêtre examine ses entrailles pour y lire l'avenir ou la volonté des dieux. L'animal offert dépend du dieu (animal noir pour Hadès, dieu des Enfers, par exemple), ainsi que de la fortune de celui qui offre le sacrifice ! Les particuliers pauvres « sacrifiaient » des figurines en forme d'animal…

Styx : principal fleuve des Enfers, dont les eaux ont un pouvoir magique de vie (elles rendent invulnérable le mortel qui y est plongé – Achille, par exemple) et de mort (les dieux qui se parjurent après avoir fait un serment « par le Styx » sont comme paralysés pendant dix « grandes » années – soit dix mille ans –, ce qui correspond à la mort pour des Immortels).

Styx (nom féminin en grec) est une Océanide, mère de Cratos, Bia et Niké (Domination, Force et Victoire), qu'elle a amenés avec elle dans le camp de Zeus. C'est pourquoi Zeus l'a récompensée en accordant une telle puissance à son nom.

Titans : ils appartiennent à la seconde génération de dieux, la première qui commence – un peu – à se différencier des forces de la nature. On reconnaît toutefois encore des éléments naturels : Océanos, Hypérion (le Très Haut), père du Soleil. Leurs sœurs, les Titanides, représentent plutôt des abstractions : Thémis, la Justice, ou Mnémosyne, la Mémoire. Le nom de « titan » s'emploie aussi pour désigner un être exceptionnellement fort.

Tragédie : forme théâtrale née à Athènes au VIe s. av. J.-C. et qui s'épanouit au Ve. Elle était représentée lors de grandes fêtes religieuses. Chaque pièce mettait en scène un épisode de la vie d'un héros menacé par des forces supérieures, dieux ou destin. Pendant toute la pièce, ce personnage cherche à échapper à cette menace, en vain. Rien n'apaise les dieux : le héros est rattrapé et écrasé par son destin.

L'auteur,
JANINE TEISSON

Janine Teisson est née en 1948 à Toulon. De son enfance au Maroc, de sa grand-mère qui disait si bien les Fables de La Fontaine, de sa jeunesse en Afrique, de ses études de lettres, lui est venu le goût des contes et des mythes.

Pour des lecteurs de quatre à cent quatre ans, elle écrit, depuis 1993, romans, nouvelles et contes. Séduite par la modernité de Prométhée, elle aimerait que ce personnage mythique prenne sa place dans l'univers des enfants et des adolescents du XXIe siècle.

Du même auteur :

La Valise oubliée, Syros, collection « Mini Souris sentiment », 1996.

Taourama et le lagon bleu, Syros, collection « Souris sentiments », 1997.

Au cinéma Lux, Syros, collection « Les uns les autres », 1998 (Prix Sorcières).

Une vie de toutes les couleurs, Actes Sud Junior, collection « Les contes philosophiquesž», 1999.

La petite cinglée, Seuil Jeunesse, collection « Fictions », 2000 (Prix du premier roman de Chambéry, Prix Antigone).

Les Rois de l'horizon, Syros, collection « Les uns les autres », 2002 (Prix France Télévisions, Prix Sésame).

La Photo qui sauve, Syros, collection « Tempo », 2003.

Histoire de cœurs, Actes Sud Junior, 2003 (Prix d'Annemasse).

Le Petit Soleil jaune, Syros, collection « Les uns les autres », 2003 (Prix du Printemps du Livre).

Mamy-loup, Actes Sud Junior, collection «žLes histoires sages », 2003.

La Petite Pierre de Chine, Actes Sud Junior, collection « Les contes philosophiques », 2004.

Safari en sous-sol, Actes Sud Junior, 2005.

Écoute mon cœur, Syros, collection « Les uns les autres », 2005 (Prix de la NRP).

Le criquet qui se croyait très malin, Gulf Stream, 2006.

Dans la même collection

Œdipe le maudit / Marie-Thérèse Davidson
Un Piège pour Iphigénie / Évelyne Brisou-Pellen
Les Cauchemars de Cassandre / Béatrice Nicodème
Les Combats d'Achille / Mano Gentil
Ariane contre le Minotaure / Marie-Odile Hartmann
Le Secret de Phèdre / Valérie Sigward
Orphée l'enchanteur / Guy Jimenes
Rebelle Antigone / Marie-Thérèse Davidson
Hector, le bouclier de Troie / Hector Hugo
Les Brûlures de Didon / Gilles Massardier
Médée la magicienne / Valérie Sigward
Le Bûcher d'Héraclès / Hector Hugo
La Quête d'Isis / Bertrand Solet
Prométhée le révolté / Janine Teisson
Les Larmes de Psyché / Léo Lamarche
Persée et le regard de pierre / Hélène Montardre
Thésée revenu des Enfers / Hector Hugo
Zeus à la conquête de l'Olympe / Hélène Montardre
L'Amère Vengeance de Clytemnestre / Michèle Drévillon
Ulysse, l'aventurier des mers / Hélène Montardre
Romulus et Rémus, fils de Mars / Guy Jimenes
Perséphone, prisonnière des Enfers / Guy Jimenes
Jason et le défi de la Toison d'or / Nadia Porcar
Icare aux ailes d'or / Guy Jimenes

N° d'éditeur : 10234241 – Dépôt légal : octobre 2006
Achevé d'imprimer en mars 2017
par La Tipografica Varese Srl, (Varese, Italie)